臺灣歷史與文化 研究輯刊

十八編

第 5 冊

臺灣日治時期「蓬萊漆器」中原住民題材作品研究

吳巧文 著

花木蘭文化事業有限公司

國家圖書館出版品預行編目資料

臺灣日治時期「蓬萊漆器」中原住民題材作品研究／吳巧文
著 -- 初版 -- 新北市：花木蘭文化事業有限公司，2020〔民
109〕
目 8+186 面；19×26 公分
（臺灣歷史與文化研究輯刊十八編；第 5 冊）
ISBN 978-986-518-185-7（精裝）
1. 漆器 2. 日據時期
733.08   109010600

ISBN-978-986-518-185-7

臺灣歷史與文化研究輯刊
十八編　第 五 冊
ISBN：978-986-518-185-7

臺灣日治時期「蓬萊漆器」中
原住民題材作品研究

作　　者　吳巧文
總 編 輯　杜潔祥
副總編輯　楊嘉樂
編　　輯　許郁翎、張雅淋　美術編輯　陳逸婷
出　　版　花木蘭文化事業有限公司
發 行 人　高小娟
聯絡地址　235　新北市中和區中安街七二號十三樓
　　　　　電話：02-2923-1455 ／傳真：02-2923-1452
網　　址　http://www.huamulan.tw 信箱 hml 810518@gmail.com
印　　刷　普羅文化出版廣告事業
初　　版　2020 年 9 月
全書字數　94202 字
定　　價　十八編 16 冊（精裝）台幣 40,000 元
版權所有・請勿翻印

臺灣日治時期「蓬萊漆器」中原住民題材作品研究

吳巧文　著

作者簡介

吳巧文，國立臺南藝術大學藝術史評與古物研究碩士。現為中央研究院歷史語言研究所「考古資料數位典藏創新計畫」計畫助理。曾隨國立臺南藝術大學藝術史學系盧泰康教授參與多項調查研究計畫，如「屏東縣恆春鎮大光里觀林寺文物調查研究與觀音神像修護計畫」、「古笨港遺址出土文物整理、修護與研究出版計畫」等。著有〈臺灣漆藝的建立〉、〈日治時期臺灣「蓬萊塗」漆器中的原住民題材研究〉、〈康雍乾三朝仿古器形探析——以瓶形器為例〉等文。

提　　要

「蓬萊漆器（ほうらいしっき）」起源於臺灣日治時期，由漆藝師山中公（やまなか　ただす）開始製作、開班授課，並作為土產販售，在日治時期稱呼多元，包含「蓬萊漆器」、「蓬萊塗（ほうらいぬり）」、「蓬萊蒔繪（ほうらいまきえ）」、「高砂漆器（たかさごしっき）」等。

「蓬萊漆器」是以「磨顯填漆」、「雕木彩漆」等技法上漆，描繪具有臺灣地方色彩紋飾的漆器，器形多樣，包含瓶、盤、掛飾、盒子等，本文以其中數量最多的「原住民相關題材」為研究對象。

文中首先梳理日治時期漆產業在臺灣發展的情況，包含漆樹的引進、「蓬萊漆器」的創始人、所設立的教育機構、及商號、工廠等設立。再以製作工藝及使用功能將作品分類，以瞭解「蓬萊漆器」形態特徵。並將「蓬萊漆器」與同時期其他媒材的構圖、母題等表現形式進行比對。最後透過山本鼎（やまもと　かなえ）提出適合販售的「產業工藝品」、臺灣總督府商工課戶水昇（のぼる　とみず）所期望外銷的「工藝美術品」、以及柳宗悅（やなぎ　むねよし）對於「民藝」的理想，對比作為土產品的「蓬萊漆器」，並以比賽、徵件、及銷售價格理解「蓬萊漆器」在當時的社會地位。

誌謝辭

　　首先感謝國立臺南藝術大學藝術史學系對我的栽培，並誠摯的感謝業師盧泰康教授自大學以來一路的提攜指導，無論是在藝術史、古物研究及工作實務、待人處事均給予我許多提點與啟發，使我獲益匪淺。

　　感謝李建緯老師與邱鴻霖老師擔任我的口試委員，提供我論文審查意見，使我的論文能更臻完整。也感謝邵慶旺老師及黃猷欽老師擔任我論文大綱的審查委員，在論文剛起步時，提供了我更多元的思考方向。

　　在田野調查期間，感謝高雄市立歷史博物館、國立臺灣工藝研究發展中心、郭双富先生，提供所藏的漆器文物，使我能具體觀察文物的特徵及製作工藝。另外特別感謝賴高山藝術紀念館賴作明先生，教導我製作「蓬萊漆器」，並帶我拜訪多位與「蓬萊漆器」相關的學者與收藏家。

　　同時也要感謝我的學長姐們，羿錡學姊、伯豪學長、依倫學姊、綺翎學姊、鵬璇學長，以及我的同學柏華、靖容、舜瑜、以立，學妹沛佐，好友奕蓉，在我撰寫論文期間各種形式的協助、督促，有各位的相伴，使我的學習路途不孤獨。

　　最後感謝我的父母與家人，有他們的支持、體諒與鼓勵，我才能順利的完成碩士的學業。

吳巧文　謹誌

2018 年　於臺南

目

次

圖目錄

表目錄

壹、緒　論

一、研究動機與目的

　　日治時期的日本人著迷於臺灣的「南島風情」，因此許多工藝品、廣告或食器上都出現了臺灣原住民、庶民生活、熱帶水果、蘭花等具有臺灣特色的題材，[註1] 這些工藝品主要外銷至日本及朝鮮半島，作為伴手禮贈與他人。

　　此類文物中，包含當時被稱為「蓬萊漆器」、「蓬萊蒔繪」、「蓬萊塗」、「高砂漆器」的器物。然而針對此類臺灣的漆器研究數量並不多，研究的內容也多集中於漆器在臺灣的發展歷史，及當代漆藝家的發展，少數針對臺灣日治時期漆器「蓬萊漆器」之形制與表現手法的專文論述，重複性高且結構鬆散，無法明確的瞭解「蓬萊漆器」的文化意涵，因此本文將試圖歸結整理並分析其特色，使「蓬萊漆器」有更為清晰的定義，及其文化價值。

　　另一方面，「蓬萊漆器」中帶有「南島風情」、「臺灣風俗」款文的器物大多是以原住民為題材，為釐清其中所呈現的圖像與當時不同媒材、類型的作品間，如明信片、戳章、廣告、裝幀設計、及繪畫作品中所呈現原住民題材，其表現方式之間的異同，期望再更進一步的理解日治時期殖民者眼中的原住民形象。

―――――――――――――

〔註1〕即具有臺灣「地域色彩」的作品。臺灣總督府文教局長石黑英彥提出辦理「臺灣美術展覽會展」的宗旨時強調「鑒於在此亞熱帶的本島，在藝術上有許多值得發揮的特色，故更加期待本會之實現，⋯⋯，而是逐漸大量取材於臺灣的特徵，發揚所謂灣展的權威。」見薛燕玲，〈日治時期臺灣美術的「地域色彩」〉，《臺灣美術丹露叢書――日治時期臺灣美術的「地域色彩」》，臺中：國立臺灣美術館，2004 年，頁 23。

二、文獻回顧

（一）關於臺灣漆藝發展之討論

對於臺灣漆藝發展最早有系統的整理，為黃麗淑於 1996 年所主持的《漆器藝人陳火慶記憶保存與傳習規劃》，主要為設計漆藝的傳習課程，其中整理了臺灣漆藝的發展過程，包含漆樹的種植、漆藝的傳習、漆器的生產及目前臺灣漆工藝的概況，並對漆藝家陳火慶（1914～2001）製作了類似傳記的紀錄。〔註2〕然而文中所整理的資料多為陳火慶先生早年向日本人學藝時的記憶，並無考證分析，且參考文獻引用有誤，如 1934 年出版的《臺中市史》誤植為 1916 年出版等。而後，翁徐得於 1997 年為國立歷史博物館「清代漆藝文物特展」所撰寫之專文〈臺灣漆器工藝的源流〉，〔註3〕對於臺灣漆器工藝的論述與 1996 年的計畫書內容並無二致。

1999 年簡榮聰為臺灣省文獻委員會「總督府漆器展」所撰寫的專文〈臺灣漆器的用與美〉，〔註4〕除簡單梳理中國、日本漆器的發展史外，在臺灣日治時期漆器部分，引用了 1996 年的《漆器藝人陳火慶記憶保存與傳習規劃》外，也整理了日治時期所留下的資料，雖篇幅短小，但資料來源較為客觀。

首次以「蓬萊塗」統稱日治時期含有臺灣地方色彩的外銷漆器，是 2001 年南投縣民俗文物學會的圖錄《臺灣漆器文物風華：蓬萊塗漆器》，〔註5〕圖錄內的專文由簡榮聰及翁徐得撰寫，在梳理「蓬萊塗漆器」發展的部分與 1996 年的計畫書雷同，僅增加了工藝技法的介紹。

至 2002 年翁群儀的碩士論文《1930 年代の台湾漆器・蓬萊塗の意匠特質に関する調査・研究》，直接以「蓬萊塗」做為研究對象，針對「蓬萊塗」的出現、製作技法的再現、及其設計特色進行分析。「蓬萊塗」的發展與製作技法基本沿襲《漆器藝人陳火慶記憶保存與傳習規劃》，在分析設計特色的章節

〔註2〕黃麗淑計畫主持、翁徐得偕同主持，《漆器藝人陳火慶記憶保存與傳習規劃報告》，南投：臺灣省手工業研究所，1996 年。
〔註3〕翁徐得，〈臺灣漆器工藝的源流〉，國立歷史博物館編輯，《清代漆藝文物特展：附展臺灣早期漆藝》，臺北：國立歷史博物館，1997 年，頁 24～45。
〔註4〕簡榮聰，〈參、臺灣漆器的用與美——臺灣省文獻會「總督府漆器展」〉，簡榮聰等撰，《臺灣文物風華：兔年臺灣民俗文物大展專輯》，南投：臺灣省文化處，1999 年，頁 88～115。
〔註5〕翁徐得、黃麗淑、簡榮聰，《臺灣漆器文物風華：蓬萊塗漆器》，南投：南投縣民俗文物學會，2001 年。

中，以母題、工藝技法、顏色及主題四個面向分別討論，並以 1928 年「臺中市立傳習所」創立為界，將「蓬萊塗」分為前、後兩期。〔註6〕但文中僅辨識出「蓬萊塗」常使用的數個主題，並未針對母題及主題的圖像風格進行比較分析，以致無法從中瞭解前、後期風格的差異及其重要性。另一方面，文中所分前、後期「蓬萊塗」僅有母題類型更加豐富、部分母題圖樣化的微小差異，依筆者所收集的樣本，並無法依照作者的分類將作品的前、後期明確的區分。再者，「蓬萊漆器」紀年器少、製作時間短（1916 年至 1945 前後），且「臺中市立傳習所」創立前後，主事者皆為山中公（やまなか　ただす，1884～1949），雖然製作「蓬萊漆器」的匠師由學徒改為傳習生，但除教學內容更有系統以外，並無明顯風格轉變的依據。

　　2003 年黃麗淑主持《高雄市立歷史博物館漆器類典藏品研究案》同樣是以 1996 年傳習規劃為基礎，研究方法則與翁群儀的碩士論文相同。〔註7〕雖有針對紋飾、功能、款式、技法的說明，但未深入分析，無法從中了解此批漆器的價值。而後 2008 年翁群儀著〈蓬萊塗——臺灣漆器的文化創意〉、〔註8〕2010 年翁群儀與黃麗淑合著〈1930 年代臺灣漆器蓬萊塗之發展與設計特色分析〉、〔註9〕2010 年翁徐得與黃麗淑合著的《尋根與展望——臺灣的漆器》，〔註10〕皆大量引用 1996 年的《漆器藝人陳火慶記憶保存與傳習規劃》，然而上述 1996 年的報告書並沒有加入註腳，參考文獻也有錯誤，造成了日後相關出版品或論文頻繁地錯誤引用。

　　2004 年何榮亮、賴作明著〈臺灣漆工藝發展之研究〉、〔註11〕2009 年林宣宏著〈臺灣漆器發展淵源研究〉、〔註12〕2015 年李東旭、王成民著〈淺談臺

〔註 6〕翁群儀，《1930 年代の台湾漆器・蓬萊塗の意匠特質に関する調査・研究》，日本千葉大學工學研究科設計文化規劃實驗室碩士學位論文，2002 年。

〔註 7〕黃麗淑計畫主持，《高雄市立歷史博物館漆器類典藏品研究案》，高雄：高雄市立歷史博物館，2003 年。

〔註 8〕翁群儀，〈蓬萊塗——臺灣漆器的文化創意〉，《故宮文物月刊》，第 303 期（2008 年），頁 76～81。

〔註 9〕翁群儀、黃麗淑，〈1930 年代臺灣漆器蓬萊塗之發展與設計特色分析〉，《臺灣文獻》，第 61 卷第 2 期（2010 年），頁 9～34。

〔註 10〕翁徐得、黃麗淑，《尋根與展望——臺灣的漆器》，臺北：商周編輯顧問，2010 年。

〔註 11〕何榮亮、賴作明，〈臺灣漆工藝發展之研究〉，《南京藝術學院學報——美術與設計版》，第 2 期（2004 年），頁 39～43。

〔註 12〕林宣宏，〈臺灣漆器發展淵源研究〉，《中國生漆》，第 18 卷第 1 期（2009 年 5 月），頁 37～38。

灣漆藝文化〉等，〔註 13〕均是以梳理漆器在臺灣的發展過程為主要的論述，清楚的指明日治時期山中公所創立的「工藝傳習所」對臺灣漆藝發展的貢獻，及幾名日治時期重要漆藝師，如賴高山（1924～2003）、王清霜（1922～）、陳火慶等人，他們在戰後仍持續製作漆器，並創建工廠培植學生，成為臺灣現代漆藝發展的基柱。

2005 年何榮亮等人編《賴高山漆藝創作研究專輯》則以傳記式的手法寫就，紀錄日治時期漆器匠師——賴高山的創作生涯。〔註 14〕

2005 年王佩雯的碩士論文《臺灣日治時期漆器的保存與修護——以高雄歷史博物館館藏漆器六組為例》，〔註 15〕為高雄市立歷史博物館六組臺灣日治時期漆器之修護報告，文中梳理臺灣日治時期漆器的發展，大量引用沒有加入註腳、參考文獻也多有誤的《漆器藝人陳火慶記憶保存與傳習規劃》，但針對所修護六組漆器的科學檢測及取樣分析，則明確的呈現出當時漆器的製作技法。

2012 年翁菁曼的碩士論文《臺灣漆藝文化研究》，藉由對臺灣漆藝發展的歷史，反思漆藝在現今的發展，〔註 16〕因此焦點為漆藝師傅及漆產業的發展，並非探討臺灣漆器的形制及特徵。

2016 年朱玲瑤著〈日治時期漆器工藝的發展與演變〉梳理中國及日本的漆器工藝發展，及臺灣日治時期漆器工藝教育，內容多參考日治時期所發行的《臺中市報》，並將其發展與山本鼎（やまもと　かなえ，1882～1946）所提倡的手工教育計畫相互對照。〔註 17〕而文章後半著重於臺灣漆器工藝的風格分析，朱玲瑤延續翁群儀的碩士論文基礎，設定了兩種分類模式，首先「蓬萊塗漆器」模式，將臺灣日治時期漆器分為「前期蓬萊塗漆器」、及「後期蓬萊塗漆器」。其次「混合樣式漆器」模式，則是以 1941 年「理研電化工業株

〔註 13〕李東旭、王成民，〈淺談臺灣漆藝文化〉，《中國生漆》，第 34 卷第 1 期（2015 年 3 月），頁 18～21。

〔註 14〕何榮亮等，《賴高山漆藝創作研究專輯》，南投：國立臺灣工藝研究所，2005 年。

〔註 15〕王佩雯，《臺灣日治時期漆器的保存與修護——以高雄歷史博物館館藏漆器六組為例》，國立臺南藝術大學古物維護研究所碩士學位論文，2005 年。

〔註 16〕翁菁曼，《臺灣漆藝文化研究》，南華大學視覺與媒體藝術系碩士學位論文，2012 年。

〔註 17〕朱玲瑤，〈日治時期漆器工藝的發展與演變〉，《藝術論壇》，第 10 期（2016 年 9 月），頁 1～38。

式會社」開設臺灣分場，開始工業化製造外銷用的漆器為界，分為「中日混合樣式漆器」、及「臺灣琉球混合樣式漆器」，總共四類。但此種分類模式產生以下幾種問題：

1. 「後期蓬萊塗漆器」與「混合樣式漆器」的時間點重合。

2. 「混合樣式漆器」與「蓬萊塗漆器」無法明確的區分，顯示出對「蓬萊塗漆器」的定義不清晰。

3. 前、後期「蓬萊塗漆器」的差異僅有母題更加豐富、部分母題圖樣化，但依筆者所收集的樣本，並無法落實此分類，多有模稜兩可的樣本。

4. 「蓬萊漆器」紀年器少、製作時間短（1916 年至 1945 前後），而「臺中市立傳習所」創立前後，主事者皆為山中公先生，作者並無明顯風格轉變的依據。

以上分類標準無法完全對應作品，且未說明文物年代重疊問題，導致無法對文物本身的風格及文化價值獲取更為深入的認識。

2017 年許世融、郭双富著〈山中家族與臺中漆器的發展〉〔註18〕，則是以歷史文獻梳理的方法，使用大量日治時期的文獻、戶籍、報紙等資料，指出了早期對於山中公姓氏的錯誤認識，並更加深入的針對山中公的生平、教學場所沿革、及相關展覽會等進行詳細的整理，但可惜並未針對個別文物進行分析，從而無法從中得知「臺中漆器」的整體樣貌及其價值。

由上述的回顧可發現，討論臺灣漆器的文章並不在少數，但文章內容重覆性大，並著重於歷史梳理，且除許世融、郭双富的研究外，多為黃麗淑一家之言，《漆器藝人陳火慶記憶保存與傳習規劃》中沒有加入註腳、參考文獻也多有誤，但卻被大量的引用，對於吾人認識臺灣的漆藝發展有很大的誤解。另一方面對於作品的分析停留於表面，並無深入探討。因此本文擬以作品風格分析為主軸，針對臺灣本地的漆器特徵及文化價值進行更為深入的研究。

（二）日治時期原住民圖像以及「地域色彩」的分析

王淑津於 1996 年所發表的〈高砂圖像——鹽月桃甫的臺灣原住民題材畫作〉，是最早有系統地整理臺灣日治時期新美術的藝術思潮「地域色彩（Local color）」這一概念的文章，作者指出與此概念類似的「地方色」、「鄉土藝術」、

〔註18〕許世融、郭双富，〈山中家族與臺中漆器的發展〉，《世紀宏圖：臺中百年歷史回顧與展望——臺中驛、第二市場、七媽會和它的時代會議手冊》，臺中：臺中教育大學，2017 年，頁 43～73。

及「南國色彩」並非只是官展機制下的口號，而是日本人比較日本與臺灣後，所認為獨具特色的地方藝術，且此思潮也對應了日本本島對於西洋藝術理念的「自省運動」，而在政治方面，又可有效的轉移臺灣島內的民族政治運動，作者以鹽月桃甫（しおつき　とうほ，1886～1954）為例，分析他在臺時期以「地域色彩」為概念的作畫，及梳理畫家表現手法的轉變。〔註19〕

2003 年黃莉珺的碩士論文《顏水龍原住民題材畫作研究》將顏水龍所繪原住民題材的作品分為「胸像」、「儀式」、「蘭嶼」、「風景畫」四大題材，再對其構圖、設色、線條、裝飾進行詳細的分析，並比較其他藝術家的原住民畫作，包含鹽月桃甫、石川欽一郎、楊三郎、陳進等日治時期藝術家，及高業榮、王瓊麗等當代藝術家。〔註20〕作者除了梳理顏水龍本身的繪畫特徵外，還指出不同畫家在繪畫原住民母題時，所採用不同的風格，以及藝術家繪畫原住民題材的動機及目的，藉以比較臺籍及日籍藝術家作品，可看出殖民者與被殖民者不同的立場。

2004 年薛燕玲著〈日治時期臺灣美術的「地域色彩」〉再次的梳理了「地域色彩」的發展狀況，指出「地域色彩」為臺灣近代美術發展的重要關鍵，且具有強烈的政治意涵，將「臺灣色彩」侷限在「鄉土色彩」之中，並將臺灣日治時期的畫作依主題分為自然景觀、人物、民俗風情及戰爭時局四大類分別討論。〔註21〕

2005 年姚村雄著〈日治時期臺灣包裝設計之視覺符號類型研究〉，以包裝設計為切入點，將臺灣日治時期常見的日用品，如醬油、酒、香菸、零食等的包裝，依日本統治政策分期，分析每一時期中作為包裝設計的視覺符號，包含中國傳統符號、臺灣圖像符號、日本殖民符號、西方文明符號、以及戰時色彩符號，並以以上基準，分析不同時期所慣用的符號消長，探討政治政策與常民生活間的關係。〔註22〕

〔註19〕 王淑津，〈高砂圖像——鹽月桃甫的臺灣原住民題材畫作〉，《何謂台灣？近代臺灣美術與文化認同論文集》，臺北：行政院文化建設委員會，1997 年，頁116～144。

〔註20〕 黃莉珺，《顏水龍原住民題材畫作研究》，國立成功大學藝術研究所碩士學位論文，2003 年。

〔註21〕 薛燕玲，〈日治時期臺灣美術的「地域色彩」〉，頁 16～44。

〔註22〕 姚村雄，〈日治時期臺灣包裝設計之視覺符號類型研究〉，《包裝設計學術與實務研討會論文集》，臺中：國立臺中技術學院商業設計系，2005 年，頁 323～332。

　　2005 年劉偉民的碩士論文《殖民情境的影像再現──日治時期原住民明信片圖像研究》，以原住民明信片為切入點，討論其中攝影者與被攝影者，以及明信片的再現與傳播之間的權力關係。〔註 23〕其中作者做為樣本的明信片僅有相片一類，排除了以繪畫及海報等類型，雖引用了大量社會學、符號學等觀點佐證，但在面對樣本本身時，僅有基礎的單件作品圖像描述，而無更深入對於作品的觀察分析，僅抓出符合理論的特徵，以強調其論點，使得原來應該是主角的明信片成為佐證其論點的插圖。

　　2008 年廖新田著〈從自然的臺灣到文化的臺灣──日據時期臺灣風景圖像的文化表徵探釋〉，以風景與權力為切入點，解析臺灣風景畫的視覺表徵，而其樣本則是風景畫中代表臺灣現代化的建物、及代表熱帶的植物。文中使用大量的社會學及符號學的研究方法，辯證畫作中大自然的母題被權力機制轉化為「文化」的過程。〔註 24〕

　　2009年陳國傑、蕭文杰合著的〈日據時期臺灣視覺藝術中的原住民圖像〉，以官方美展、報章廣告、畫報、博覽會、圖畫教科書、商標等出現的原住民圖像為主要探討對象，歸納日治時期美術設計中原住民圖像成為潮流的原因，及臺灣「在地風格」。〔註 25〕作者雖以圖像為主要探討對象，但多討論圖像的傳播方式、政治象徵意涵，而較少對圖像本身做分析。

　　經由上述等分析「地域色彩」、及日治時期原住民圖像的研究，均為主題式的梳理，討論特定範圍中所呈現的現象，而樣本與常民的生活貼近，種類多且零散，如繪畫、明信片、廣告、戳章、畫報、教科書等，所討論的母題以原住民居多，並指出「地域色彩」的建構具有濃厚的政治色彩。這些研究方法及成果有助於筆者應用於「蓬萊漆器」、及其所對應不同類型的作品，冀希能更加了解不同媒材間表現手法的異同。

三、研究方法及範圍

　　本文針對臺灣日治時期「蓬萊漆器」中的原住民題材作品進行討論，首先

〔註23〕劉偉民，《殖民情境的影像再現──日治時期原住民明信片圖像研究》，國立成功大學藝術研究所碩士學位論文，2005 年。
〔註24〕廖新田，〈從自然的臺灣到文化的臺灣──日據時代臺灣風景圖像的文化表徵探釋〉，《臺灣美術四論：蠻荒/文明、自然/文化、認同/差異、純粹/混雜》，臺北：典藏藝術家庭出版，2008 年，頁 45～87。
〔註25〕陳國傑、蕭文杰，〈日據時期臺灣視覺藝術中的原住民圖像〉，《康寧學報》，第 11 期（2009 年），頁 107～126。

以歷史文獻梳理日治時期漆產業在臺灣發展的情況，包含漆樹的引進、「蓬萊漆器」的創始人、所設立的教育機構、及商號、工廠等。第二，運用藝術表現形式與考古類型學，同時參考「蓬萊漆器」的製作工藝、及使用功能進行分類，以利了解「蓬萊漆器」的形態特徵。第三，以藝術史風格分析，將「蓬萊漆器」與同時期其他媒材的構圖、母題等表現形式進行比對，試圖為「蓬萊漆器」做更為清晰明確的定義，並為理解原住民圖像進行鋪陳。最後，則由山本鼎提出適合販售的「產業工藝品」、臺灣總督府商工課戶水昇（のぼる　とみず，1890～1955）所期望外銷的「工藝美術品」、以及柳宗悅（やなぎ　むねよし，1889～1961）對於「民藝」的理想，對比作為土產品的「蓬萊漆器」，並以比賽、徵件、及銷售價格瞭解當時「蓬萊漆器」的社會地位，最後指出「蓬萊漆器」在二十一世紀的發展狀態。

筆者由高雄市立歷史博物館、國立臺灣工藝研究發展中心、國立臺灣歷史博物館、賴高山藝術紀念館、郭双富先生、秋惠文庫、南投縣民俗文物學會等處所收藏的「蓬萊漆器」進行統計，包含以原住民、漢人、蘭花、水果及風景為母題的作品，其中以原住民為題材的「蓬萊漆器」在各類題材中佔五成五（表1）。

研究範圍部分，筆者選用所佔比例最高的「原住民題材」的「蓬萊漆器」，所使用的樣本包含高雄市立歷史博物館所藏蓬萊漆器 52 件、﹝註26﹞國立臺灣工藝研究發展中心所藏山中公製蓬萊漆器 1 件、﹝註27﹞國立臺灣歷史博物館藏蓬萊漆器 1 件、﹝註28﹞賴高山藝術紀念館藏賴高山製蓬萊漆器 2 件、﹝註29﹞

﹝註26﹞ 翁徐得、黃麗淑，《高雄市立歷史博物館典藏專輯・漆器篇》，高雄：高雄市立歷史博物館，2003 年；黃麗淑，《高雄市立歷史博物館典藏專輯：千文萬華：繽紛的漆藝世界》，高雄：高雄市立歷史博物館，2010 年；高雄市立歷史博物館典藏查詢系統，〈http://collection.khm.gov.tw/〉，2018 年 3 月 7 日點閱；感謝高雄市立歷史博物館同意筆者於 2017 年 7 月 18 日至 7 月 20 日入庫，針對館內所藏 20 件漆器進行檢視，詳見附件一。

﹝註27﹞ 感謝國立臺灣工藝研究發展中心同意筆者於 2017 年 9 月 5 日至 9 月 6 日入庫，針對館內所藏 8 件漆器進行檢視，詳見附件二。

﹝註28﹞ 國立臺灣歷史博物館，《「臺灣風：行旅紀念物」館藏特展》，展期 2016 年 9 月 13 日至 2017 年 4 月 30 日；看見臺灣歷史──國立臺灣歷史博物館典藏網，〈http://collections.culture.tw/nmth_collectionsweb/AAA/collections_Search.aspx〉，2018 年 3 月 7 日點閱。

﹝註29﹞ 感謝賴作明先生於 2016 年 10 月 15 日，及 2017 年 7 月 12 至 7 月 13 日接受筆者訪問，並針對所藏多件文物及文獻資料進行檢視，詳見附件三。

郭双富先生收藏蓬萊漆器 15 件、〔註30〕秋惠文庫收藏蓬萊漆器 8 件、〔註31〕
南投縣民俗文物學會收藏蓬萊漆器 22 件，〔註32〕共計 101 件。

表1. 各館藏「蓬萊漆器」母題數量統計（件）

收藏地＼母題	原住民	漢人	蘭花	水果	風景	總計
高雄市立歷史博物館	52	7	13	13	1	86
國立臺灣工藝研究發展中心	1	0	0	0	0	1
國立臺灣歷史博物館	1	0	3	0	0	4
賴高山藝術紀念館	2	0	0	0	0	2
郭双富先生	15	1	7	0	0	23
秋惠文庫	8	6	6	4	5	29
南投縣民俗文物學會	22	5	4	5	1	37
總計	101	19	33	22	7	182

　　在筆者所收集的樣本中，僅選擇以原住民為題材的「蓬萊漆器」進行分析，這些樣本含括絕大部分的器形及技法。為探究日治時期「蓬萊漆器」及原住民形象，除了針對臺灣日治時期產的漆器外，還須討論可與其對照的其他媒材作品，如美展作品、戳章、明信片、廣告等，比較其裝飾手法或表現形式，以期瞭解原住民圖像在漆器上所表現的意涵。

　　為使本論文更臻完整，筆者經業師盧泰康教授推薦，實地針對收藏「蓬萊漆器」數量最多的高雄市立歷史博物館，以及收藏「蓬萊漆器」創始者山中公先生作品的國立臺灣工藝研究發展中心庫房進行文物檢視與紀錄，深入理解中國、日本、及臺灣漆器製作工藝的特徵差異。並拜訪賴作明先生、郭双富先生、秋惠文庫等私人收藏家，使研究樣本的類型更加豐富。

　　另一方面，為了更加了解「蓬萊漆器」的製作技法，筆者透過賴作明先生的指導，實際以「磨顯填漆」技法製作以「杵歌」為母題的「蓬萊漆器」方形掛飾（圖 1），長 41 公分、寬 32 公分、厚 1.9 公分，使用典型的前景主要母題及椰子樹、遠景山脈的構圖（圖 2）。

〔註30〕王如哲，《臺灣蓬萊塗——郭双富歷年蒐藏漆器：2017 人文藝術季系列活動圖錄》，臺中：國立臺中教育大學人文學院，2017 年；感謝郭双富先生於 2018 年 3 月 9 日接受筆者參訪。
〔註31〕感謝秋惠文庫 2017 年 8 月 8 日接受筆者參訪。
〔註32〕翁徐得、黃麗淑、簡榮聰，《臺灣漆器文物風華：蓬萊塗漆器》。

圖1. 筆者所製作之磨顯填漆「蓬萊漆器」

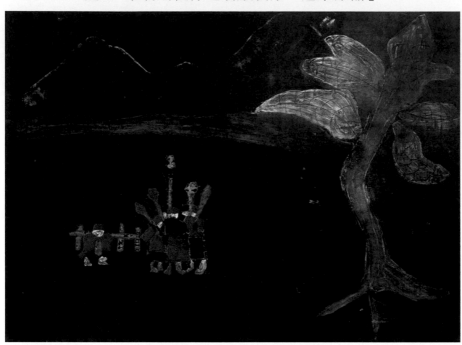

圖2. 「杵歌」母題細節

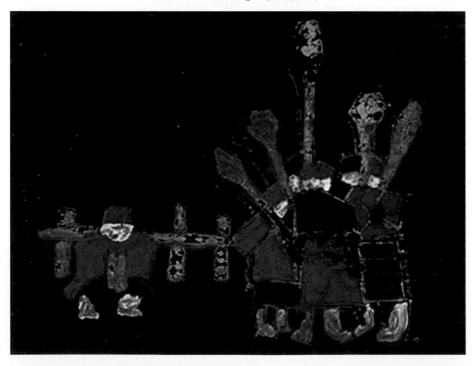

四、研究限制

　　「蓬萊漆器」的紀年器少，且製作時間短（1916 年至 1945 前後），在筆者的分類標準中，無法處理作品年代，及是否有前、後其差異的問題。

　　另一方面，筆者所收集的樣本中，未有日治時期文獻中所提到如墨水壺、檯燈、相框等器形，這些器形所使用的母題及裝飾手法，或許會與文內研究有所出入。

　　若未來收集到更多具有名款及本文未提及之樣本，筆者將持續對「蓬萊漆器」的年代及表現手法進行更深入的討論與研究。

五、名詞解釋與技法名稱對照

　　由前述的文獻回顧可發現，對於日治時期此類漆器的稱呼，及技法名稱並沒有統一的專有名詞。因此筆者在此整理並分析本文中所使用，較有歧義的專有名詞。

（一）「蓬萊塗（ほうらいぬり）」與「蓬萊漆器（ほうらいしっき）」

　　1996 年黃麗淑的《漆器藝人陳火慶記憶保存與傳習規劃》中稱山中氏在臺製作的紀念漆器為「充滿臺灣風味圖案之木胎漆器」。〔註33〕而最早提到「蓬萊塗」一詞的文章是 1997 年翁徐得的〈臺灣漆器工藝的源流〉，其根據昭和十年（1935 年）臺中勸業課出版的《台中の產業と觀光》，將臺中市的漆器稱為「蓬萊塗漆器」。〔註34〕2001 年翁徐得在《臺灣漆器文物風華：蓬萊塗漆器》中定義「蓬萊塗」為：

　　　　日據時代在臺灣中部地區特別發展出來的木胎漆器塗裝法，其裝飾
　　　　圖紋以台灣的原住民、水果、植物、名勝為主。在車製完成的木胎
　　　　上（瓶、盤、盒等），以淺浮雕方式將圖案依設計所需雕刻完成後，
　　　　先用生漆固胎，再分別全面髹塗土朱漆及朱漆，乾後依設計所需分
　　　　別在圖案上填色漆或貼銀箔，之後再全面髹塗透漆，再經研磨、推
　　　　光後，產品色彩豐富，富有南國風味。〔註35〕

〔註33〕黃麗淑計畫主持、翁徐得偕同主持，《漆器藝人陳火慶記憶保存與傳習規劃報告》，頁 25。
〔註34〕翁徐得，〈臺灣漆器工藝的源流〉，頁 31。
〔註35〕翁徐得、黃麗淑、簡榮聰，《臺灣漆器文物風華：蓬萊塗漆器》，頁 31。

在這裡所稱的「蓬萊塗」是特指「雕木彩漆」的作品，而排除了以「磨顯填漆」為技法所製作的作品，但 2002 年以後的研究，如翁群儀、黃麗淑、何榮亮、賴作明、王佩雯、翁菁曼、朱玲瑤、許世融、郭双富等人，便均以「蓬萊塗」或「蓬萊塗漆器」通稱日治時期以臺灣風物為主題的漆器。

然而，筆者查閱日治時期關於此類漆器的紀載，發現其稱呼多元，例如：1935 年臺灣新聞社出版的《臺灣を代表するもの》及日日新報稱「蓬萊漆器」，〔註 36〕私立臺中工藝專修學校招生廣告稱「蓬萊漆器」、「蓬萊蒔繪（ほうらいまきえ）」，〔註 37〕臺灣總督府交通局鐵道部出版的《臺灣鐵道旅行案內》稱「高砂漆器（たかさごしっき）」。〔註 38〕

關於「蓬萊塗」一詞，黃麗淑稱其「並不具備特別創新的漆工技巧，在材料的使用上，亦沒有特別要求之處，……。反而比較偏向如秀衡塗、或讚岐雕這類以圖騰表現為主的漆工風格。」〔註 39〕，賴作明稱「『塗』之意在日本為『漆器特有技法材質』」。〔註 40〕

但筆者綜觀日本漆器名稱，多是以「生產地加製作技法」的模式命名，如：以木胎雕刻後上漆的「鎌倉雕（かまくらぼり）」、以繪畫為主要表現技法的「八雲塗（やくもぬり）」、「輪島塗（わじまぬり）」、以雕漆聞名的「仙台堆朱（せんだいついしゅ）」等，而包含多種製作技法的作品則統稱為「漆器（しっき）」，如以雕刻及鑲嵌製成的「香川漆器（かがわしっき）」、以繪畫及鑲嵌製成的「山中漆器（やまなかしっき）」等。因此筆者認為，具有繪畫、雕刻、鑲嵌等多重技法的臺灣日治時期漆器，應統稱為「蓬萊漆器」，較「蓬萊塗」更為合適。

（二）磨顯填漆

「蓬萊漆器」中以繪畫為主要技法的作品，是運用日本島根縣松江市的特色工藝「八雲塗（やくもぬり）」的技法，〔註 41〕在完成中塗的胎體上直接

〔註 36〕臺灣新聞社，〈蓬萊漆器〉，《臺灣を代表するもの》，臺中：臺灣新聞社，1935年，頁 38～41；臺灣日日新報編輯，〈臺中市／蓬萊漆器〉，《臺灣日日新報》，1935 年 12 月 28 日（日刊），版 06。

〔註 37〕許世融、郭双富，〈山中家族與臺中漆器的發展〉，頁 63。

〔註 38〕臺灣總督府交通局鐵道部，《〔昭和十五版〕臺灣鐵道旅行案內》，臺北：臺灣總督府交通局鐵道部，1940 年，頁 203。

〔註 39〕翁群儀、黃麗淑，〈1930 年代臺灣漆器蓬萊塗之發展與設計特色分析〉，頁 16～17。

〔註 40〕賴作明，《萬世絕學裏的臺灣漆器》，臺中：賴作明，2005 年，頁 89。

〔註 41〕賴作明，《萬世絕學裏的臺灣漆器》，頁 90。

描繪紋樣，紋樣乾燥後罩明，陰乾後磨顯、推光，即《髹飾錄》中所說的「磨顯填漆」（圖3）：

> 填漆，即填彩漆也。磨顯其文，有乾色，有濕色，妍媚光滑。又有鏤嵌者，其地錦綾細文者越美艷。磨顯填漆，**皰**前設紋。鏤嵌填漆，**皰**後設紋，濕色重暈者為妙。〔註42〕

圖3. 磨顯填漆製作技法（斷面示意圖）（筆者繪製）

磨顯填漆製作技法（斷面示意圖）

中塗 → 中塗 → 中塗
木胎　　木胎　　木胎

在中塗上以各種顏色繪畫紋飾　　在完成繪畫的漆面上罩一層透明漆（罩明）　　磨顯、推光，使紋飾顯現、漆面光滑

（三）雕木彩漆

雕木彩漆是在木胎上將紋飾刻出後打底，再塗以色漆，乾燥後研磨，形成淺浮雕的效果。此種技法在明代《髹飾錄》「堆紅」一條中稱「堆紅，一名罩紅。灰漆堆起，朱漆罩覆，故有其名。又有木胎雕刻者，工巧愈遠矣。」〔註43〕，也就是俗稱的「假雕漆」。

中國漆藝中，雕刻木胎後上漆多為仿製雕漆的產品，因此稱其為「假雕漆」（圖4），但在日本、韓國多有以木胎雕刻後上各色漆層，形成不同的裝飾效果，如：「鎌倉雕（かまくらぼり）」、「高松雕（たかまつぼり）」等。且「假雕漆」帶有貶意，因此本文將以日、韓所稱較為中性的「雕木彩漆」稱呼此種工藝技法。

圖4. 雕漆與假雕漆比較（斷面示意圖）（筆者繪製）

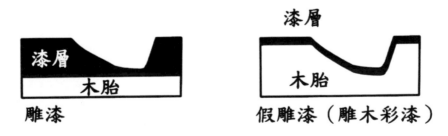

漆層　　　　　　　　　　　　　漆層

漆層
木胎

雕漆　　　　　　　　　　　假雕漆（雕木彩漆）

〔註42〕 王世襄，《髹飾錄解說──中國傳統漆工藝研究》，北京：文物出版社，1998年，頁95～96。

〔註43〕 王世襄，《髹飾錄解說──中國傳統漆工藝研究》，頁129。

貳、日治時期「蓬萊漆器」的產業發展

一、引進漆樹及漆原料

　　臺灣原生的漆樹產於臺東，稱為「臺東漆樹」，生長在貧瘠乾燥的海岸邊，所產漆液呈濃稠的灰褐色。〔註1〕

　　大正九年（1920 年）日本營林局技師山下新二（やました　しんに，生卒年不詳）至當時被法國佔領的交趾（今越南）出差，帶回了「安南產漆樹」的種子，因其生長環境限制，適合高溫的臺灣，因此決定在臺灣試植漆樹。試植樹種包含海拔較高的日本漆樹、熱帶平地的安南漆樹、及印度漆樹，期望可以產出漆液供應臺灣漆器製作。〔註2〕安南漆樹於大正十二年（1923 年）於臺中州新高郡魚池莊蓮翠池進行試植，大正十五年（1926 年）始可採收漆液，但含水量高、透明度高、強韌度弱、黏著力強，整體品質較為低下，生漆適合作為打底漆使用，精製後的熟漆光澤度不佳，不適合作為最表面的上塗使用，但中塗以下與中國產漆混用，效果良好。〔註3〕

　　但根據昭和十年（1935 年）殖產局商工科的紀錄，臺灣多進口中華民國及法屬印度支那的便宜生漆，自行進行精製（表 2），且由於臺灣氣溫高，漆可以迅速乾燥，因此有大半安南漆是為了供應日本本島而生產及精製。〔註4〕

〔註1〕臺灣總督民政部殖產局，〈第九章・臺東漆樹ノ撥種造林〉，《撥種造林試驗・第一回報告》，臺北：臺灣總督民政部殖產局，1915 年，頁 133～134。

〔註2〕臺灣總督府民政部殖產局，〈安南產漆樹〉，《臺灣造林主木各論前篇》，臺北：臺灣總督府民政部殖產局，1921 年，頁 373～375。

〔註3〕臺灣總督府民政部殖產局山林課，〈第四章・栽培試驗並二栽培狀況〉，《〔昭和十年十月〕熱帶產業調查會調查書・林業二關スル調查書・第二卷第一八編・漆》，臺北：臺灣總督府民政部殖產局山林課，1935 年，頁 48～51。

〔註4〕臺灣總督府民政部殖產局商工課，〈第九項・漆製造工業〉，《〔昭和十年八月〕熱帶產業調查書・中・工業二關スル事項》，臺北：臺灣總督府民政部殖產局商工課，1935 年，頁 538～539。

表 2. 臺灣進口漆液狀況

進口國　　　　年	中華民國		法領印度支那	
	數量（斤）	價格（元）	數量（斤）	價格（元）
昭和四年（1929）	39.851	24.651	50.409	20.793
昭和五年（1930）	25.475	13.187	61.906	18.858
昭和六年（1931）	51.288	14.337	51.467	16.558
昭和七年（1932）	17.576	16.995	54.892	30.843
昭和八年（1933）	7.439	7.65	56.667	30.172

（筆者引自《熱帶產業調查書・中・工業二關スル事項》）〔註5〕

　　昭和十五年（1940年）由於安南漆樹在臺灣試植成功，日本「齊藤株式會社（さいとうかぶしきがいしゃ）」便在新竹榮町成立「臺灣植漆會社（たいわんうえうるしがいしゃ）」，除種植漆樹外，還在苗栗製作漆器工藝品。〔註6〕

　　日治時期，臺灣總督府對於漆產業的建設，除漆樹的栽培外，還有扶植培養臺人製作漆器的教育單位，而此教育單位的成立，原為日本漆器匠師山中公的私人行為，後被官方所注意，並予以支援。

二、「蓬萊漆器」創始人——山中公

　　山中公原姓甲谷（こうたに），明治十九年（1884年）出生於四國香川縣高松市，後轉籍至奈良縣奈良市椿井町。〔註7〕明治四十一年（1906年）畢業於東京美術學校漆工科，師從白山松哉（しらやま しょうさい，1853～1932）。〔註8〕大正五年（1916年）來臺，至大正七年（1918年）開始製作「蓬萊漆器」，並在臺中物產陳列館（行啟紀念館）販售。〔註9〕

〔註5〕臺灣總督府民政部殖產局商工課，〈漆製造工業〉，頁535。
〔註6〕臺灣日日新報編輯，〈臺灣殖漆會社　近く新竹に創立〉，《臺灣日日新報》，1940年8月30日（日刊），版02；臺灣日日新報編輯，〈臺灣植漆會社の　設立申請登記濟〉，《臺灣日日新報》，1941年1月9日（夕刊），版n02。
〔註7〕許世融、郭双富，〈山中家族與臺中漆器的發展〉，頁49。
〔註8〕翁群儀、黃麗淑，〈1930年代台灣漆器蓬萊塗之發展與設計特色分析〉，頁17～18。
〔註9〕氏平要、原田芳之，《臺中市史》，臺中：臺灣新聞社，1934年，頁538。

　　關於甲谷公改姓山中，黃麗淑在 1996 年的《漆器藝人陳火慶記憶保存與傳習規劃報告》中稱「酒店老闆之女婿山中公先生（原姓甲谷，入贅後改姓山中）」〔註10〕，後續翁群儀、翁徐得、賴作明、王佩雯等人均採此說法，但許世融與郭双富查閱日治時期除戶簿資料後指出，甲谷公於大正十年（1921年）與妻子東チカ一同被開設高級日本料理店「富貴亭」的山中龜治郎所收養，並非入贅。〔註11〕

　　大正十二年（1923 年）山中公創「山中工藝品製作所」及「株式會社臺中工藝製作所」，〔註12〕其中「株式會社臺中工藝製作所」設立目的為：

　　1. 臺中市鄉土工藝品製作販賣。

　　2. 臺中市工藝傳習所傳習生的教養及其製作品販賣。

　　3. 本島主要物產及其他商品陳列販賣。

　　4. 附帶上述各項的一切業務。〔註13〕

　　公共事務方面，山中公也多有參與，如大正十三年至十四年（1924～1925）任「臺中商交會」評議員，〔註14〕昭和二年至昭和四年（1927～1929）任「臺中市新富町委員」，〔註15〕昭和十六年（1941 年）擔任「臺中州家具裝飾商組合」代表人，〔註16〕並與宮城三郎、松井七郎等人發起於高雄商工獎勵館所成立的「臺灣工藝協會」。〔註17〕

〔註10〕黃麗淑計畫主持、翁徐得偕同主持，《漆器藝人陳火慶記憶保存與傳習規劃報告》，頁 23。

〔註11〕許世融、郭双富，〈山中家族與臺中漆器的發展〉，頁 49。

〔註12〕臺中市役所，《臺中市產業要覽》，臺中：臺中市役所，1931 年，頁 87；許世融、郭双富，〈山中家族與臺中漆器的發展〉，頁 53。

〔註13〕千草默仙，《〔昭和九年版〕會社銀行商工業者名鑑》，臺北：圖南協會，1934 年，頁 198。

〔註14〕臺灣日日新報編輯，〈臺中商交會　幹事と評議員〉，《臺灣日日新報》，1924 年 11 月 5 日（夕刊），版 n01；臺灣日日新報編輯，〈臺中商交會改選幹部員〉，《臺灣日日新報》，1925 年 10 月 17 日（夕刊），版 n01。

〔註15〕臺中市報編輯，〈敘任及辭令〉，《臺中市報》，1927 年 1 月 12 日（第 3 號），頁 3；臺中市報編輯，〈敘任及辭令〉，《臺中市報》，1928 年 1 月 8 日（第 86 號），頁 1；臺中市報編輯，〈敘任及辭令〉，《臺中市報》，1929 年 1 月 5 日（第 176 號），頁 1。

〔註16〕石井善次，《臺中商工案內》，臺中：臺中商工會議所，1941 年，頁 209。

〔註17〕臺灣日日新報編輯，〈鄉土工藝勃興のため　臺灣工藝協會誕生〉，《臺灣日日新報》，1941 年 9 月 1 日（日刊），版 02。

　　戰後昭和二十一年（1946 年）山中公返回日本，[註 18] 於昭和二十四年
（1949 年）去世，年六十五。

　　然而，山中公在臺期間，雖熱心於各項公共事務，但更重要的是其對於
臺灣漆藝的教育。

三、教育機構

（一）臺中市工藝傳習所

　　昭和二年（1927 年）當時的臺中市尹遠藤所六（えんどう しょろく，生
卒年不詳）設計了培養工藝徒弟的機關，經臺中州知事三浦碌郎（みうら ろ
くろう，1882～1969）贊同，由臺中市撥八千餘元、總督府補助兩千五百元，
使「臺中市工藝傳習所」於昭和三年（1928 年）五月在臺中市商品陳列館開
始營運。[註 19]

　　其辦學目的為：學習鄉土工藝相關的知識技能。以副市尹任所長、山中
公任主事、講師及作業教師若干名，由市尹任免。設有轆轤部（木工部）及
漆工部，並分為修業年限兩年的本科，及修業年限一年的研究科，每學年又
分為三個學期，除實作外，也包含修身、國語、算數等課程。申請入所之傳
習生資格如下：

　　　1. 品行端正、體格強健者。
　　　2. 具尋常小學校或修業年限六年的工學校畢業者，或與此同等以上
　　　　　學歷者。
　　　3. 其他所長認為適當者。

　　傳習生一年招收十名，其膳食及生活用品由所方補給，畢業後兩年內必
須居住於臺中市內，並有義務從事所學之相關工作。[註 20] 昭和四年後（1929
年）取消生活用品的補助。[註 21]

[註 18] 施國隆等編輯，《世紀蓬萊塗：臺灣百年漆藝之美：山中公‧陳火慶‧賴高山‧
　　　　王清霜漆藝聯展》，臺中：文化資產局，2013 年，頁 13。
[註 19] 氏平要、原田芳之，《臺中市史》，頁 538；漢文臺灣日日新報編輯，〈本年新
　　　　事業之　臺中工藝傳習所　自來四月開所〉，《漢文臺灣日日新報》，1928 年 2
　　　　月 2 日（日刊），版 04；臺灣日日新報編輯，〈國庫補助　臺中工藝傳習所に〉，
　　　　《臺灣日日新報》，1928 年 10 月 13 日（日刊），版 03。
[註 20] 臺中市報編輯，〈臺中市工藝傳習所規程左ノ通相定〉，《臺中市報》，1928 年
　　　　3 月 4 日（第 115 號），頁 45～46。
[註 21] 臺中市報編輯，〈昭和三年臺中市規則第二號臺中市工藝傳習所規則中左ノ通
　　　　改正ス〉，《臺中市報》，1929 年 3 月 6 日（第 197 號），頁 29。

　　昭和五年（1930 年）由於商品陳列館的館舍老舊，市當局便將臺中市工藝傳習所遷移至大正町。〔註 22〕

　　昭和六年（1931 年）臺中市工藝傳習所規程修改，增聘助手若干名，並限制傳習生須居住於臺中市，且取消膳食及被服補給。〔註 23〕

　　昭和八年（1933 年）11 月 8 日凌晨，臺中市工藝傳習所的舊工廠轆轤製造廠失火，延燒至新工廠，〔註 24〕隔日工藝傳習所轉移至新富町授課，〔註 25〕但《臺灣日日新報》卻載「臺中市市立工藝傳習所。客年末失火以來。在臺中市寶町二。」〔註 26〕昭和十年（1935 年）7 月工藝傳習所新校舍落成於明治町。〔註 27〕

　　臺中市工藝傳習所時期，根據《臺中州職員錄》所整理之表 3 的內容可知，所長由市助役擔任，昭和三年至昭和七年（1928～1932 年）主事者皆為山中公，昭和五年（1930 年）以前，編制內包含講師及作業教師，昭和六年（1931 年）後作業教師改以雇員聘之，昭和八年（1933 年）編制更進一步的縮小，主事及講師均改以囑託聘之，即臨時職員。

表 3. 臺中市工藝傳習所職員

昭和三年 （1928 年）	所長（市助役）：古澤勝之 主事：山中公（兼） 講師：州濱文太郎、笠原石之助、北橋千代作、山中公 作業教師：山崎信一、木村清、大山良
昭和四年 （1929 年）	所長（市助役）：河野十郎 主事：山中公（兼） 講師：州濱文太郎（兼）、笠原石之助（兼）、北橋千代作、山中公（兼） 作業教師：山崎信一、木村清、大山良一

〔註 22〕臺灣日日新報編輯，〈臺中公園を　もつと綺麗に　市當局の計畫〉，《臺灣日日新報》，1930 年 1 月 22 日（日刊），版 05。

〔註 23〕臺中市報編輯，〈臺中市工藝傳習所規程左ノ通リ改正ス〉，《臺中市報》，1931 年 3 月 21 日（第 327 號），頁 27～28。

〔註 24〕漢文臺灣日日新報編輯，〈臺中工藝品製造所　夜中發火全部燒失　軍隊消防組壯丁協力撲救〉，《漢文臺灣日日新報》，1933 年 11 月 10 日（夕刊），版 n04。

〔註 25〕臺中市報編輯，〈臺中市工藝傳習所ノ位置テ當分ノ內臺中市新富町二丁目十四番地二移轉ス〉，《臺中市報》，1933 年 11 月 9 日（第 523 號），頁 125。

〔註 26〕漢文臺灣日日新報編輯，〈工藝傳習所　決定新築〉，《漢文臺灣日日新報》，1934 年 12 月 26 日（日刊），版 12。

〔註 27〕漢文臺灣日日新報編輯，〈工藝傳習所　舉落成式〉，《漢文臺灣日日新報》，1935 年 7 月 10 日（夕刊），版 n04。

昭和五年 （1930年）	所長（市助役）：河野十郎 主事：山中公（兼） 講師：北橋千代作（兼）、本多季三郎（兼） 作業教師：山崎信一、木村清、石原良一 雇：武田利彥、森本五郎
昭和六年 （1931年）	所長（市助役）：宗藤大陸 主事：山中公（兼） 講師：北橋千代作（兼）、山中公 雇：山崎信一、木村清、武田利彥
昭和七年 （1932年）	所長（市助役）：福田看 主事：山中公（兼） 講師：山中公 雇：山崎信一、木村清、武田利彥
昭和八年 （1933年）	所長（市助役）：福田看 囑託：山中公、木村清、石原良一、十河利男、原北宇吉、 陳可綏、小倉昇、陳耀明

（筆者依《臺中州職員錄》、《臺灣總督府及所屬官署職員錄》整理製表）〔註28〕

（二）私立臺中工藝專修學校

　　昭和十一年（1936年）臺中市工藝傳習所改為私營，名為「私立臺中工藝傳習所」，錄取十名傳習生，申請資格為小公學校畢業或以上學歷、且居住於臺中市之男子。〔註29〕

　　昭和十二年（1937年）「私立臺中工藝傳習所」更名為「私立臺中工藝專修學校」，招募約三十名學生，包含漆工科及家具科，申請資格除小、公學校畢業或以上學歷外，還須參加入學考試（國民精神、德行、算數、國語、畫

〔註28〕 中山長次郎，《〔昭和三年版〕臺中州職員錄》，臺中：株式會社臺灣新聞社，1928年，頁68；伊藤憐之助，《〔昭和四年版〕臺灣總督府及所屬官署職員錄》，臺北：臺灣時報發行所，1929年，頁375；伊藤憐之助，《〔昭和五年版〕臺灣總督府及所屬官署職員錄》，臺北：臺灣時報發行所，1930年，頁402；中山長次郎，《〔昭和六年版〕臺中州職員錄》，臺中：株式會社臺灣新聞社，1931年，頁27；中山長次郎，《〔昭和七年版〕臺中州職員錄》，臺中：株式會社臺灣新聞社，1932年，頁28；臺中州編纂，《〔昭和八年版〕臺中州職員錄》，臺中：高須印刷所，1933年，頁28。
〔註29〕 臺中市報編輯，〈私立臺中工藝傳習所ニ於テ本年四月入學セシムベキ生徒左記ノ募集ス〉，《臺中市報》，1936年4月3日（第781號），頁44。

圖）及身體檢查，制服及各項用具需自行購買。〔註30〕昭和十六年（1941 年）招募學生數量提升至約三十五名。〔註 31〕報考私立臺中工藝專修學校者相當多，有時錄取率甚至不及一半，教職員數量也因此逐年提高。〔註 32〕師生臺日人數如表 4。修業年限為三年，並增設修業年限兩年的「專攻生」，漆工科課程如表 5。

表 4. 私立臺中工藝專修學校師生人數

年 ＼ 人數	職員數			學生數		
	內地人	本島人	計	內地人	本島人	計
昭和十三年（1938）	9	2	11	10	37	47
昭和十四年（1939）	7	1	8	8	82	90
昭和十五年（1940）	9	0	9	9	97	106
昭和十八年（1943）			11	3	112	115

（筆者依《臺中州概觀》整理製表）〔註 33〕

〔註30〕臺中市報編輯，〈私立臺中工藝專修學校二於テ昭和十二年四月入學セシムベキ生徒チ左記要項二依リ募集二付入學希望者八所定ノ用紙二依リ三月三十一日迄二直接同校へ願書提出セラレタン〉，《臺中市報》，1937 年 3 月 21 日（第 897 號），頁 56；臺中市報編輯，〈私立臺中工藝專修學校二於テ昭和十三年四月入學セシムベキ生徒チ左記要項二依リ募集中二付入學希望者八所定ノ用紙二依リ四月五日迄二同校二出願セラレタン〉，《臺中市報》，1938 年 3 月 31 日（第 1046 號），頁 61。

〔註31〕臺中市報編輯，〈昭和十六年四月入學セシムベキ生徒チ左記要項二依リ募集ス〉，《臺中市報》，1941 年 3 月 30 日（第 1491 號），頁 76。

〔註32〕許世融、郭双富，〈山中家族與臺中漆器的發展〉，頁 64～65。

〔註33〕臺中州編纂，《〔昭和十三年版〕臺中州概觀》，臺中：臺灣新聞社，1938 年，頁 20；臺中州編纂，《〔昭和十四年版〕臺中州概觀》，臺中：臺灣新聞社，1939 年，頁 19；臺中州編纂，《〔昭和十五年版〕臺中州概觀》，臺中：臺灣新聞社，1940 年，頁 17；臺中州編纂，《〔昭和十八年版〕臺中州概觀》，臺中：臺灣新聞社，1943 年，頁 19。

表 5. 私立臺中工藝專修學校漆工科課程（每週）

科目／學年		修身公民	國語	國史	數學	體操	英語	工藝史	圖畫	材料工藝法	實習
第一學年	時數	2	4	1	4	2	1		4	2	19
	內容	道德的要旨做法、公民心得	講讀、作文	國史的大要	算數、珠算	體操、教練	發音、綴字、譯讀		自在畫、用器畫	工具、原料、工作法	下地法、髹漆
第二學年	時數	2	3	1	3	2	1	1	5	1	20
	內容	同上	同上	同上	平面幾何代數	同上	同上	工藝史大要	自在畫、圖案	同上	髹漆、描金
第三學年	時數	2	2		2	2	1	1	6	1	22
	內容	同上	同上		同上	同上	同上	同上	同上	同上	同上

（筆者引自〈臺中工藝專修學校州費補助認可〉）〔註34〕

　　臺中工藝專修學校改制為私立後，所需經費仍大多依靠州費及市費等官方補助，其餘則為學費、「株式會社臺中工藝品製作所」提供、及師生作品販賣所得。〔註35〕

（三）私立臺中建國職業中學

　　日本戰敗後，「私立臺中工藝專修學校」由教授商業簿記的蘇天乞接管，並因政府規定，除省立學校外不得冠有當地名稱，而將校名改為「私立工藝職業學校」。〔註36〕後學校經營不善，由謝雪紅（1901～1970）買下學校設備，

〔註34〕臺灣總督府文書課，〈臺中工藝專修學校州費補助認可〉，《昭和十五年永久保存第十一卷》，臺灣總督府公文類纂。檢索自中央研究院臺灣史研究所「臺灣史檔案資源系統」，頁 333，〈http://tais.ith.sinica.edu.tw〉，2017 年 10 月 7 日點閱。
〔註35〕許世融、郭双富，〈山中家族與臺中漆器的發展〉，頁 66～67。
〔註36〕陳翠蓮，〈二二八事件後被關閉的兩所臺灣人學校〉，《二二八事件六十周年紀念論文集》，臺北：臺北市文化局、二二八件念館，2008 年，頁 232。

並成立「臺中建國職業中學」董事會，由林西陸（1898～1967）擔任董事長、謝雪紅出任校長，並向臺中市政府提出備案，但並未被當時的市長黃克立（1910～2004）批准。〔註 37〕但在《謝雪紅評傳》與鍾逸人（1921～）的回憶錄《辛酸六十年》中則指出，「建國工藝職業中學」由謝雪紅出任董事長、隸屬於人民協會，並由林西陸擔任校長、楊克煌（1908～1978）擔任教務長、李炳崑（1920～1951）擔任教務主任。〔註 38〕

在官方資料方面，在 1946 年的長官公署教育處資料中，仍記載校名為「私立工藝職業學校」，且校長為蘇天乞。〔註 39〕二二八事件過後，警備總部所收集的「臺中市私立工藝職業學校」資料指出，董事長為林西陸，常任董事及校長為謝雪紅，董事包含林連宗（1905～1947）、童炳輝（1909～1952）、與蔡惠郎（生卒年不詳）等人，李炳崑擔任教導主任，楊克煌僅教授英語及地理，無行政職。〔註 40〕

在二二八事件中由李炳崑帶領約一百人的「建國工藝校隊」加入二七部隊，為「臺中工業」、「中商」、「中師」、「獨立治安隊」、「臺中決死隊」、「學生自衛隊」等十八個小隊之一。〔註 41〕民國三十六年（1947 年）4 月 6 日，私立建國工藝職業學校由臺灣省教育處督學王家驥（1906～2010）以「未經立案」為由，逕予解散。〔註 42〕且在白色恐怖時期，「建國工藝職業學校」的董事及教職員仍為政府當局的監視目標。〔註 43〕

由上述梳理可見，「蓬萊漆器」於大正十二年（1923 年）「山中工藝所」及「株式會社臺中工藝製作所」開始販售，至昭和三年（1928 年）成立教育

〔註 37〕陳翠蓮，〈二二八事件後被關閉的兩所臺灣人學校〉，頁 234。

〔註 38〕陳芳明，《謝雪紅評傳》，臺北：前衛出版社，1996 年，頁 291；鍾逸人，《辛酸六十年（上）》，臺北：前衛出版社，1993 年，頁 551。

〔註 39〕臺灣省行政長官公署教育處，《臺灣一年來之教育》，臺北：行政長官公署宣傳委員會，1946 年，頁 135。

〔註 40〕「臺中市私立工藝職業學校教職員名冊」，〈拂塵專案〉，檔號 0036/340.2/5502.3/15/004，檔案館立局藏，轉引自陳翠蓮，〈二二八事件後被關閉的兩所臺灣人學校〉，頁 234～235。

〔註 41〕鍾逸人，《辛酸六十年（上）》，頁 486～487、513。

〔註 42〕臺灣新生報編輯，〈臺中建國工職學校未經立案奉令解散〉，《臺灣新生報》，1947 年 4 月 6 日，版 2。

〔註 43〕「在逃奸匪謝雪紅在臺有關人物偵查工作進度報核表」，〈拂塵專案〉，檔號 0036/340.2/5502.3/15/003，檔案館立局藏，轉引自陳翠蓮，〈二二八事件後被關閉的兩所臺灣人學校〉，頁 236～237。

機構「臺中市立工藝傳習所」，昭和十二年（1937年）改制為私立的「私立臺中工藝專修學校」後，規模更為擴大。這二十二年間無論是「山中工藝所」、「株式會社臺中工藝製作所」、「臺中市立工藝傳習所」以及「私立臺中工藝專修學校」主事者皆為山中公。

　　戰後日本人撤離臺灣，「私立臺中工藝專修學校」改名為「私立建國工業職業學校」，校內財政狀況吃緊，且主事者不明確，原先「私立臺中工藝專修學校」的教師也紛紛另尋出路，也未見學生作品展售的相關紀錄，並在1947年因政治因素被廢校，種種因素使盛行一時的「蓬萊漆器」漸漸被世人遺忘（表6）。

表6. 日治時期臺灣的漆器產業發展年表（筆者整理）

年代	事件
1884	甲谷公出生於四國香川縣
1906	甲谷公於東京美術學校漆工科畢業
1916	甲谷公來臺
1921	甲谷公為山中龜治郎收養
1923	開設山中工藝
1924	日本殖產局將越南種漆樹引進魚池鄉種植
1924	開設株式會社臺中工藝製作所
1925	山中公組織臺中商會
1925	山中公任臺中商交會評議員
1927	山中公任新富町委員
1928	臺中市立工藝傳習所設於商品陳列館
1929	山中公任新富町委員
1929	山中公任新富町委員
1930	臺中市立工藝傳習所搬至大正町
1933	臺中市立工藝傳習所火災／轉移至新富町
1935	臺中市立工藝傳習所落成於明治町
1936	臺中市立工藝傳習所改制為私立臺中工藝傳習所
1937	私立臺中工藝傳習所改名為私立臺中工藝專修學校
1941	山中公等人於高雄商工獎勵館成立臺灣工藝協會
1941	山中公任臺中州家具裝飾商組合代表人
1945	日人撤離臺灣
1946	私立臺中工藝專修學校改名為私立建國工業職業學校
1947	私立建國工業職業學校廢校

四、商號及工廠

　　日治時期除了上述活躍於臺中的「蓬萊漆器」外，主要盛行的還是傳統的日式漆器，但也無法確定這些商號是否有販賣「蓬萊漆器」或福州漆器等不同類型的漆器。根據表7所整理的內容可知，這些販賣漆器的商行遍佈全臺，但主要分布於臺北州，其他地區則較為零散，其中又以臺中州的漆器行成立的時間最早，如成立於大正八年（1919年）的「三好漆器所」，其餘的漆器店約於1930年代開始蓬勃的開設，且常與陶瓷器、「荒物（アラモノ）」〔註44〕、及「金物（かなもの）」〔註45〕等日常生或用品一同被販賣。

〔註44〕「荒物（アラモノ）」指簡易的家庭用品，如掃帚等雜貨。
〔註45〕「金物（かなもの）」指金屬製成的器物，如刀具、勺子等。

表 7. 臺灣地區販賣漆器之商號

	營業項目	商號名稱	地點	負責人	有紀錄年份
基隆	金物、荒物、陶漆器商	井手商店	義重町	井守祥夫	1935
	金物、荒物、陶漆器商	日ノ出屋	義重町	三戶幸太郎	1935
	金物、荒物、陶漆器商	合資會社小川商店	義重町	阿合莊太郎	1935
	金物、荒物、陶漆器商	寺谷商店	義重町	寺谷記三郎	1935
	金物、荒物、陶漆器商	沙山商店	義重町	沙山イワエ	1935
	金物、荒物、陶漆器商	肥後の守	義重町	岡田タカ	1935
臺北	漆器	老田漆器店	榮町	老田三次郎	1933～1939
	漆器（本）、菓子（副）	富士越萬年漆器店	表町	香宗我部勝喜	1933～1936
	漆器、燒物類、進物品	寺澤商會	末廣町	寺澤七藏	1933～1935
	漆（製）	泰興漆莊	永樂町	王宇水、王樹塗	1933～1939
	漆（製）	和興漆莊	永樂町	陳玉麟、陳汝友	1933～1938
	漆（製）	東洋製漆商會	永樂町	顏耀焜	1933～1937
	漆（製）	建興漆行	永樂町	薛天裕	1933
	漆（製）		太平町	陳總	1933
	漆器、漆塗	象古堂	本町	岡野松太郎	1933～1939
	漆器、油	大島屋	大和町	高嶺フジ	1933～1939
	漆、金物、玻璃、陶器	陳義合	新富町	陳義塗	1934～1938
	漆器塗替	神保塗板製造所	若竹町	王秋茂	1934～1935
	漆器	建昌漆器所	日新町	黃爾詩	1934～1939
	漆器、吳服	高嶺商店	大和町	高畠久吉	1934～1937
	漆器		築町	西野表雄	1935
	漆（製）	革利製漆公司	永樂町	李水塗、陳頭北	1935～1938
	漆	和興漆行	永樂町	陳三綿	1935～1936

	漆	復興漆商	永樂町	陳梁氏杏	1935～1938
	漆器、水引、風呂敷、毛巾	京屋進物店	兒玉町	高部幸三郎	1935～1938
	漆	王德塗料店	新起町	謝永火	1935～1939
	鍍膜、玻璃、漆塗	協興硝子店	建成町	王萬庄	1938
	漆器、防臭劑	福本漆店	新起町	福本作次	1939
	漆器、陶器		兒玉町	李祈定	1939
	塗料漆	臺北漆器商工組合	新起町		1943
新竹	漆器	合宇慶漆器店	東門町	合宇慶鶴子	1938
	漆器	新進益	東門町	曾爐	1938
	漆商（製造）	臺灣殖漆株式會社	榮町	鹽見角治	1941
臺中	漆器、菸草、塗替、指物	三好漆工所	大正町	三好俊平	1919～1941
	漆器	山崎屋	榮町	山崎信一	1930
	漆器	林漆工藝所	梅町	林木明	1938
嘉義	漆器	中島漆器神佛具店	北門町	中島六郎	1935～1940
臺南	荒物及漆器	五端第二支店	末廣町	山本壽太郎	1934～1935
	荒物及漆器	林百貨店	末廣町	林トシ	1934
	荒物及漆器	國吉漆器店	大宮町	國吉德隆	1934
屏東	漆器	森田漆器店	屏東	森田清二	1936

（筆者依《會社銀行商工業者名鑑》、《臺北市商工人名錄》、《北市商工人名錄》、《新竹市商工人名錄》、《臺中市商工人名錄》、《臺中商工案內》、《臺南市商工案內》等整理製表）〔註46〕

〔註46〕千草默仙，《〔昭和十年版〕會社銀行商工業者名鑑》，臺北：圖南協會，1935年，頁420、506、513；千草默仙，《〔昭和十一年版〕會社銀行商工業者名鑑》，臺北：圖南協會，1936年，頁522～523；千草默仙，《〔昭和十二年版〕會社銀行商工業者名鑑》，臺北：圖南協會，1937年，頁446；千草默仙，《〔昭和十五年版〕會社銀行商工業者名鑑》，臺北：圖南協會，1940年，頁494；千草默仙，《〔昭和十八年版〕會社銀行商工業者名鑑》，臺北：圖南協會，1943年，頁452；臺北市勸業課，《〔昭和八年版〕臺北市商工人名錄》，臺北：臺北市役所，1934年，頁2；臺北市勸業課，《〔昭和九年版〕臺北市商

根據表 8 所整理的內容可知，目前已知確切有販賣「蓬萊漆器」的商行並非「漆器店」，而是「土產店」或「番物產店」（圖 5、圖 6），但由於存有原始包裝的「蓬萊漆器」比例太少，筆者目前所見留有「蓬萊漆器」原始包裝的樣本僅有五件，無法確認「蓬萊漆器」是否只在土產店或蕃物產店販賣，而非漆器店。但在「土產店」或「番物產店」所販賣「蓬萊漆器」，顯示出「蓬萊漆器」的功能與日用漆器的功能有所區隔，是作為紀念品或土特產所販賣的商品，而非日用品。

圖 5. 南海商行販賣之高砂漆器

秋惠文庫藏，筆者攝於 2017 年 8 月 8 日

圖 6. 山一物產販賣所販賣之蓬萊塗

郭双富先生藏，筆者攝於 2018 年 3 月 9 日

工人名錄》，臺北：臺北市役所，1935 年，頁 143；臺北市勸業課，《〔昭和十年版〕臺北市商工人名錄》，臺北：臺北市役所，1936 年，頁 155；臺北市勸業課，《〔昭和十一年版〕臺北市商工人名錄》，臺北：臺北市役所，1937 年，頁 151；臺北市勸業課，《〔昭和十二年版〕臺北市商工人名錄》，臺北：臺北市役所，1937 年，頁 178；臺北市勸業課，《〔昭和十三年版〕臺北市商工人名錄》，臺北：臺北市役所，1939 年，頁 217；臺北市勸業課，《〔昭和十四年版〕北市商工人名錄》，臺北：臺北市役所，1940 年，頁 191；新竹市役所，《〔昭和十三年版〕新竹市商工人名錄》，新竹：新竹市役所，1938 年，頁 133；大川遊龜，《〔昭和十六年版〕新竹商工人名錄》，新竹：新竹商工會議所，1941 年，頁 89；臺中市役所，《〔昭和十三年版〕臺中市商工人名錄》，臺中：臺中市役所勸業課，1939 年，頁 34；石井善次，《臺中商工案內》，頁 68；臺南市勸業協會，《臺南市商工案內》，臺南：臺南市勸業協會，1934 年，頁 52。

表 8. 臺灣地區販賣「蓬萊漆器」之商號

	營業項目	商號名稱	地點	負責人	有紀錄年份
臺北	蕃產物（製）	生番屋本店	本町、榮町	鈴木泉	1933～1939
	臺灣物產	山一物產販賣所	榮町	佐藤德太郎	1934～1939
	漆（製）	林世藩孫祥泰 美術漆器製作所	太平町	林世藩	1935
	漆器（製）		新起町	孫祥泰	1938～1939
	漆器	林世藩美術器製作所	太平町	林世藩	1939
臺中	工藝的漆器及家具	山中工藝品製作所	新富町	山中公	1923～1931
	漆器	臺中產業漆器製作所	新富町	山中公	1923～1935
	家具、漆器、土產品	株式會社臺中工藝品製作所	寶町	山中公	1933～1941
	臺灣物產	樋口兄弟商會	大正町	樋口二郎、樋口三郎	1935～1937
高雄	蕃產物、文石、藤細工	南海商行	山下町	手島元晴	1936～1939

（筆者依《會社銀行商工業者名鑑》、《臺北市商工人名錄》、《北市商工人名錄》、《新竹市商工人名錄》、《臺中市產業要覽》、《臺中市商工人名錄》、《臺中商工案內》、《臺南市商工案內》、《商工人名錄》等整理製表）〔註47〕

　　另一方面，「蓬萊漆器」少有落製作者名款，但林世藩（生年不詳～1944）及孫祥泰（生卒年不詳）二人較為特別，他們製作的「蓬萊漆器」多有落款，甚至題詩，林世藩的款為「世」、「藩」方框款，及「吉」字不規整楷

〔註47〕千草默仙，《〔昭和九年版〕會社銀行商工業者名鑑》，1934 年，頁 198；千草默仙，《〔昭和十一年版〕會社銀行商工業者名鑑》，頁 498；臺北市勸業課，《〔昭和八年版〕臺北市商工人名錄》，頁 2；臺北市勸業課，《〔昭和九年版〕臺北市商工人名錄》，頁 141；臺北市勸業課，《〔昭和十年版〕臺北市商工人名錄》，頁 153～154；臺北市勸業課，《〔昭和十一年版〕臺北市商工人名錄》，頁 149～150；臺北市勸業課，《〔昭和十二年版〕臺北市商工人名錄》，頁 176；臺北市勸業課，《〔昭和十三年版〕臺北市商工人名錄》，頁 214；臺北市勸業課，《〔昭和十四年版〕北市商工人名錄》，頁 189；石井善次，《臺中商工案內》，頁 65；臺中市役所，《臺中市產業要覽》，頁 37；臺中市役所，《〔昭和十三年版〕臺中市商工人名錄》，頁 34；高雄市役所，《〔昭和十四年版〕商工人名錄》，高雄：高雄市役所，1939 年，頁 102。

圓框款（圖7），孫祥泰的款為「泰」字不規整橢圓框款（圖8），不規整橢圓框款疑為臺灣島外型。此二人於昭和十年（1935年）於臺北太平町開設「林世藩孫祥泰美術漆器製作所」，〔註48〕並以此商號參與始政四十周年博覽會。〔註49〕但昭和十三年（1938年）孫祥泰獨自於臺北新起町開設店鋪，〔註50〕昭和十四年（1939年）林世藩仍於臺北太平町開設「林世藩美術器製作所」。〔註51〕

圖7. 林世藩款文

高雄市立歷史博物館藏，骨、木雕鑲嵌彩繪杵歌紋方盒 KH2008.011.033
（筆者攝於2017年7月20日）

〔註48〕臺北市勸業課，《〔昭和十年版〕臺北市商工人名錄》，頁156。
〔註49〕鹿又光雄，《始政四十週年紀念臺灣博覽會誌》，臺北：南天出版社，2015年，頁223。
〔註50〕臺北市勸業課，《〔昭和十三年版〕臺北市商工人名錄》，頁217。
〔註51〕臺北市勸業課，《〔昭和十四年版〕北市商工人名錄》，頁191。

圖 8. 孫祥泰款文

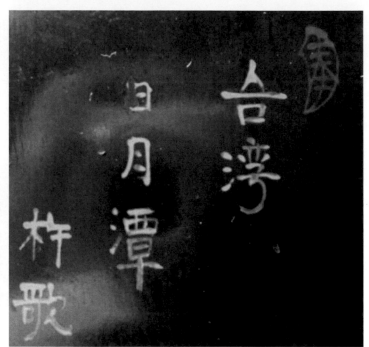

高雄市立歷史博物館藏，彩繪填漆杵歌紋四方瓶 KH2008.013.002
（筆者攝於 2017 年 7 月 20 日）

在工廠方面，則有臺北的「松下漆器工廠」，及新竹的「理研電化工業株式會社新竹工廠」（表 9）。其中「理研電化工業株式會社新竹工廠」為位於日本靜岡「理研電化工業株式會社」的臺灣分場，為製造外銷用的鋁胎漆器、木胎漆器等工業化產品，而在臺灣設分場，並派「沖繩縣工藝指導所」技師生駒弘（いごま ひろむ，1892～卒年不詳）擔任分廠工藝課課長。〔註52〕顯示出在 1940 年代臺灣漆器產業多元的發展。

〔註52〕臺灣日日新報編輯，〈臺灣の工業化に理研が乘出す 手始に漆器工業を計畫〉，《臺灣日日新報》，1940 年 3 月 12 日（日刊），版 03；臺灣日日新報編輯，〈理研の臺灣進出 新竹に漆器工場を新設〉，《臺灣日日新報》，1940 年 9 月 26 日（日刊），版 07；臺灣日日新報編輯，〈生駒弘氏（理化學電化工業工藝課長）〉，《臺灣日日新報》，1940 年 11 月 12 日（日刊），版 01。

表 9. 臺灣地區漆器工廠

	商號名稱	地點	負責人	有紀錄年份
臺北	松下漆器工廠	元園町	松下福次郎	1938
新竹	理研電化工業株式會社新竹工廠	錦町	生駒弘	1940

（筆者依《臺北市商工人名錄》、《新竹市商工人名錄》等整理製表）〔註53〕

　　透過以上的梳理大致可了解日治時期臺灣漆產業多元發展，包含販售日常生活用器的「漆器店」、販售「蓬萊漆器」的「土產店」、「番物產店」、製作「蓬萊漆器」的「製作所」、以及製造外銷用的鋁胎漆器、木胎漆器等工業化產品的「工廠」，顯示出三種不同功能的漆器類型，分別在不同的場域製作、販賣，而「蓬萊漆器」是販賣給觀光客的土特產。

　　本結回顧了「蓬萊漆器」的發展並確認其「土特產」的定位後，在下一章將藉由「蓬萊漆器」的製作工藝及器形，探討「蓬萊漆器」的特徵。

〔註53〕臺北市勸業課，《〔昭和十三年版〕臺北市商工人名錄》，頁 214；大川遊龜，《〔昭和十六年版〕新竹商工人名錄》，頁 89。

參、「蓬萊漆器」的製作工藝與器形

　　目前對於「蓬萊漆器」已有幾種不同模式的分類方式，第一種分類方式是依照母題、工藝技法、顏色及主題等設計特色分類；[註1] 第二種則是以 1928 年「臺中市立工藝傳習所」的創立為界，將「蓬萊漆器」分為「前期蓬萊塗漆器」、及「後期蓬萊塗漆器」；[註2] 第三種則是以 1941 年「理研電化工業株式會社新竹工廠」的設立為界，將臺灣漆器分為「中日混合樣式」、及「臺灣琉球混合樣式」。（圖9）[註3]

圖9. 將臺灣漆器分為「蓬萊塗漆器」及「混合樣式漆器」

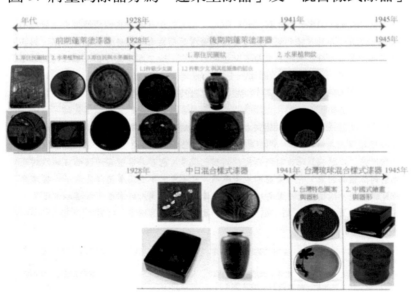

改製自朱玲瑤，〈日治時期漆器工藝的發展與演變〉

〔註1〕翁群儀，《1930年代の台湾漆器・蓬萊塗の意匠特質に関する調査・研究》。
〔註2〕朱玲瑤，〈日治時期漆器工藝的發展與演變〉，頁 19～21。
〔註3〕朱玲瑤，〈日治時期漆器工藝的發展與演變〉，頁 21～22。

但上述第一類的分類方式，將單一作品的多重特性分為數個單元梳理，並無法有效的解決作品的風格問題，最終僅能以「多色」、「粗獷」等的形容詞概括「蓬萊漆器」多元的表現形式，而無法對此類器物的特徵有較為整體且清晰的認識。

而上述第二與第三類的分期模式，因「蓬萊漆器」紀年器少、製作時間短，且「臺中市立傳習所」創立前後，主事者皆為山中公先生，並無明顯風格轉變的依據等因素，筆者認為「蓬萊漆器」這一類作品並不適合以分期的方式處理。且朱玲瑤所定義的「前期蓬萊塗」與「後期蓬萊塗」的差異為：

> 前期蓬萊塗漆器主要以木雕彩繪的方式呈現，線條較為簡潔有力，色彩雖然豐富但呈現樸實感，而後期蓬萊塗漆器則增加了更多技法的運用，如鑲嵌、八雲塗等來做畫面的處理，可看出其設計較細膩，但少了質樸的量感。〔註4〕

其中「主要以木雕彩繪的方式呈現」、「線條簡潔有力」、「色彩豐富」等描述，皆與高雄市立歷史博物館所藏，製作於大正十三年（1924年）的「磨顯填漆原住民舞踊紋扇形掛飾」（圖10）有所出入，這件作品在朱玲瑤的分期中屬於「前期蓬萊塗」，但無論是從鑲嵌、八雲塗等技法，或是細膩的畫面設計，都應是屬於「後期蓬萊塗」的特徵，可見這樣的分期方式是有待商確的。

圖 10.「磨顯填漆原住民舞踊紋扇形掛飾」

KH2008.011.027

圖源：《高雄市立歷史博物館典藏專輯・漆器篇2》，頁161。

〔註4〕朱玲瑤，〈日治時期漆器工藝的發展與演變〉，頁22。

因此為了更清晰指出「蓬萊漆器」的特徵，及不同製作技法間所呈現視覺效果的差異，筆者以整合造型特徵的方式，對其工藝技法、器形、及形態進行分類（表 10）。至於母題則可再更細緻的分析其表現形式、意涵、並與其他類型的作品進行比較，因此將在下一章更詳盡的討論。

表 10. 日治時期原住民母題之蓬萊漆器分類表

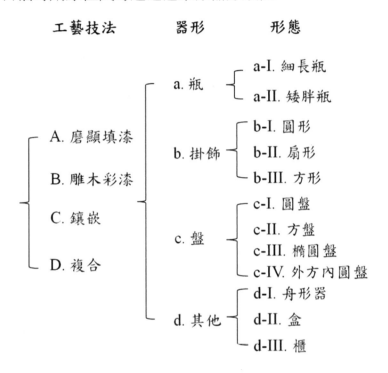

一、胎體及打底的工藝技法

「蓬萊漆器」清一色為木胎漆器，製作方法包含「車旋」、「板合」及「雕刻」等多種成形方法。

瓶形器常使用「車旋」的技法製作木胎，《髹飾錄》中稱「天運，即旋床。有餘不足，損之補之。其狀圓而循環不輟，令椀、盒、盆、盂，正圓無苦窳，故以天名焉。」〔註 5〕，指使用車床（轆轤）加工木胎，而旋出圓形的胎體及內膛（圖 11），在日本稱為「挽物（ひきもの）」。

〔註 5〕王世襄，《髹飾錄解說：中國傳統漆工藝研究》，頁 25。

圖 11. 車旋製成的瓶之線繪圖

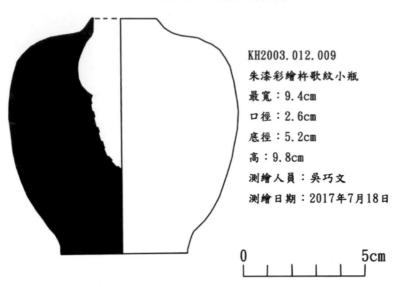

KH2003.012.009
朱漆彩繪杵歌紋小瓶
最寬：9.4cm
口徑：2.6cm
底徑：5.2cm
高：9.8cm
測繪人員：吳巧文
測繪日期：2017年7月18日

0　　　　　5cm

高雄市立歷史博物館藏，朱漆彩繪杵歌紋小瓶（筆者繪於 2017 年 7 月 18 日）

　　而「板合」又稱「合題」，常使用於製作盒子，以樺卯拼接四壁及底的木板（圖 12），在日本稱為「板物（いたもの）」、「指物（さしもの）」。

圖 12. 板合製成的盒

高雄市立歷史博物館藏，木雕原住民圖紋朱漆盒 KH2000.007.002（左）、骨、木雕鑲嵌彩繪杵歌紋方盒 KH2008.011.033（右）（筆者攝於 2017 年 7 月 20 日）

　　造型較為特殊的器形則以「雕刻」的技法成形，時常刻意留下製作痕或不平整的表面，強調手做的視覺效果，在日本稱為「刳物（くりもの）」（圖 13）。

圖 13. 雕刻製成的盤

高雄市立歷史博物館藏，雕刻彩繪臺灣風物紋小盤 KH2000.004.014-1
（筆者攝於 2017 年 7 月 19 日）

　　做好胎體後的打底，是漆器品質的重要關鍵，其中「布漆」與「垸漆」兩步驟可以保護木胎，使木胎不易受濕度影響而變形、裂開。在《髹飾錄》中稱「布漆。捎當後用法漆衣麻布，以令**糙**面無露脈，且稜角縫合之處，不易解脫，而加垸漆。」〔註6〕指以灰漆將布黏於木胎上，包覆胎體，使其堅固、不脫裂。但無論中國或日本，大多只宮廷或較為高檔次的漆器才會在胎體上「布漆」（圖 14），〔註7〕在目前已知經過修護的「蓬萊漆器」中並無發現「布漆」的現象，〔註8〕由臺灣漆文化博物館藏「八雲塗漆盤」的漆層剝落處可直接看到木胎，並無沒有布漆的痕跡（圖 15）。

〔註6〕王世襄，《髹飾錄解說：中國傳統漆工藝研究》，頁 170。「布漆」為製作漆器的第四道工序，技法與「夾紵」類似，然而「夾紵」同「重布胎」、「脫胎」，在《劉正奉塑記》中稱：「漫帛土偶上而髹之，已而去其土，髹帛儼然成像矣。」其製作重點在於「去其土」使作品中空、輕薄，與打底時以「布漆」加固木胎的功能有所不同。
〔註7〕翁徐得、黃麗淑，《漆器文物保存修護調查研究——以國史館臺灣文獻館典藏日治時期總督府日用漆器為例》，臺南：文化保存籌備處，2006 年，頁 18，圖 4-14。
〔註8〕王佩文，《臺灣日治時期漆器的保存與修護——以高雄市立歷史博物館館藏漆器六組為例》，頁 40、46、52、58、73。

圖 14. 麻布層及漆灰地層

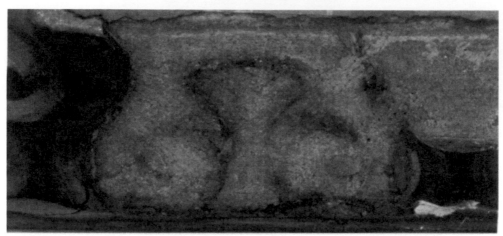

國史館臺灣文獻館藏日式漆器茶盤，圖源：《漆器文物保存修護調查研究》，圖 4-14。

圖 15. 漆面剝落露出木質胎體（放大 200 倍）

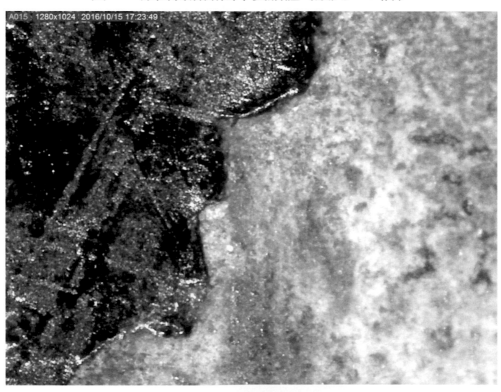

賴高山藝術紀念館藏，八雲塗漆盤（筆者攝於 2017 年 7 月 11 日）

「垸漆」在《髹飾錄》中稱「一名灰漆。用角灰，瓷屑為上，骨灰、蛤灰次之，磚灰坯屑、砥灰為下。皆篩過分粗、中、細，而次第布之如左。灰畢而加糙漆。」〔註9〕是以灰漆加固胎體的工序，且分為粗、中、細多層，使工時與成本增加，因此坊間多以膠灰地、柿灰地、豬血地等替代或省略。〔註10〕在目前已知經過修護的「蓬萊漆器」中，均有刮漆灰，但層數不一。〔註11〕

在完成上述髹漆打底的工序後，才可開始為漆器加飾，以下將依「蓬萊漆器」常用來裝飾的工藝技法：磨顯填漆、雕木彩漆、鑲嵌、及複合技法分別討論。

二、「磨顯填漆」工藝技法

以「磨顯填漆」為技法所製作的「蓬萊漆器」，在完成中塗的胎體上直接描繪紋樣，紋樣乾燥後罩明，陰乾後磨顯、推光，〔註12〕其特點為：作品表面平滑，且放置的時間越久，表層所罩的透漆明度增加，使下方色漆的顏色更為鮮明。

此類器形「瓶形器」、「掛飾」、「盤」、及「其他」四形均有，包含的母題有「杵歌」、「織布」、「頂壺」、「漁舟」、「椿米」、及「吹奏樂器」，以下分述。

（一）瓶形器

依器身形態可分為 a-I「細長瓶」、與 a-II「矮胖瓶」，共兩式：

a-I. 細長瓶：器身圓滑，無圈足，紋飾繪於器腹，頸部以上留白，此式所搭配的紋飾僅有「杵歌」。以下例舉高雄市立歷史博物館所藏的「彩繪填漆杵歌紋漆瓶」（圖16），長 11 公分、寬 11 公分、高 21.5 公分，侈口束頸、溜肩腹微鼓、下接平底、瓶身與底座相連。以黑漆為地，上描繪「杵歌」母題，並搭配香蕉樹。

〔註9〕王世襄，《髹飾錄解說：中國傳統漆工藝研究》，頁171。「垸漆」又稱「丸漆」、「灰漆」為製作漆器的第五道工序。「布漆」與「垸漆」的技法，與木作建築上壁畫中所稱「地仗」層的打底工藝技法「披麻捉灰」相同。

〔註10〕翁徐得、黃麗淑，《漆器文物保存修護調查研究——以國史館臺灣文獻館典藏日治時期總督府日用漆器為例》，頁16。

〔註11〕王佩文，《臺灣日治時期漆器的保存與修護——以高雄市立歷史博物館館藏漆器六組為例》，頁40、46、52、58、73。

〔註12〕長北，《《髹飾錄》與東亞漆藝：傳統髹飾工藝體系研究》，北京：人民美術出版社，2013年，頁361。

圖 16. 「彩繪填漆杵歌紋漆瓶」

KH2008.011.013
圖源:《高雄市立歷史博物館典藏專輯・漆器篇 2》,頁 145。

  a-II. 矮胖瓶:器身渾圓,小口、寬肩、底部稍收,有假圈足,紋飾繪於器腹,肩部以上留白。此式所搭配的紋飾有杵歌、織布及頂壺,以下例舉三件高雄市立歷史博物館的藏品。

  第一例為「朱漆彩繪杵歌紋小瓶」(圖 17),最寬處 9.4 公分、高 9.8 公分,斂口、平肩、腹微鼓、下收假圈足。以朱漆為地,上描繪「杵歌」母題。第二例為「醬色彩繪磨顯原住民織布紋小瓶」(圖 18),最寬處 8.6 公分、高 10 公分,斂口、溜肩、腹微鼓、下收假圈足。以褐漆為地,上描繪「織布」母題。第三例為「彩繪填漆原住民山居紋小瓶」(圖 19),長 9 公分、寬 9 公分、高 8.7 公分,斂口、平肩、鼓腹、下收平底。以黑漆為地,上描繪「頂壺」母題。

圖 17. 「朱漆彩繪杵歌紋小瓶」

KH2003.012.009
圖源:《高雄市立歷史博物館典藏專輯・漆器篇 2》,頁 102。

圖 18. 「醬色彩繪磨顯原住民織布紋小瓶」

KH2008.011.023
圖源:《高雄市立歷史博物館典藏專
輯・漆器篇 2》,頁 157。

圖 19. 「彩繪填漆原住民山居紋小瓶」

KH2008.011.021
圖源:《高雄市立歷史博物館典藏專輯・
漆器篇 2》,頁 155。

　　瓶形器內部車削的方式不同,形成平底與尖底兩種成果(圖 20、圖 24)。
「磨顯填漆」類瓶形器畫面僅佔瓶身約二分之一,背部留白,畫面構圖完整,
具有景深(圖 23)。紋飾多以色塊描繪,細節處以在漆乾燥前刮除的方式刻畫,
筆觸粗曠(圖 21、圖 22、圖 25)。

「朱漆彩繪杵歌紋小瓶」KH2003.012.009

高雄市立歷史博物館藏

圖 20. 瓶內部尖底　　　圖 21. 衣服細節處　　　圖 22. 雲

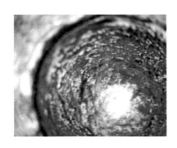　　

（筆者攝於2017年7月18日）　　（放大50倍）　　　　（放大50倍）

（筆者攝於2017年7月18日）（筆者攝於2017年7月18日）

圖 23.「朱漆彩繪杵歌紋小瓶」線繪圖 KH2003.012.009

KH2003.012.009
朱漆彩繪杵歌紋小瓶
最寬：9.4cm
口徑：2.6cm
底徑：5.2cm
高：9.8cm
測繪人員：吳巧文
測繪日期：2017年7月18日

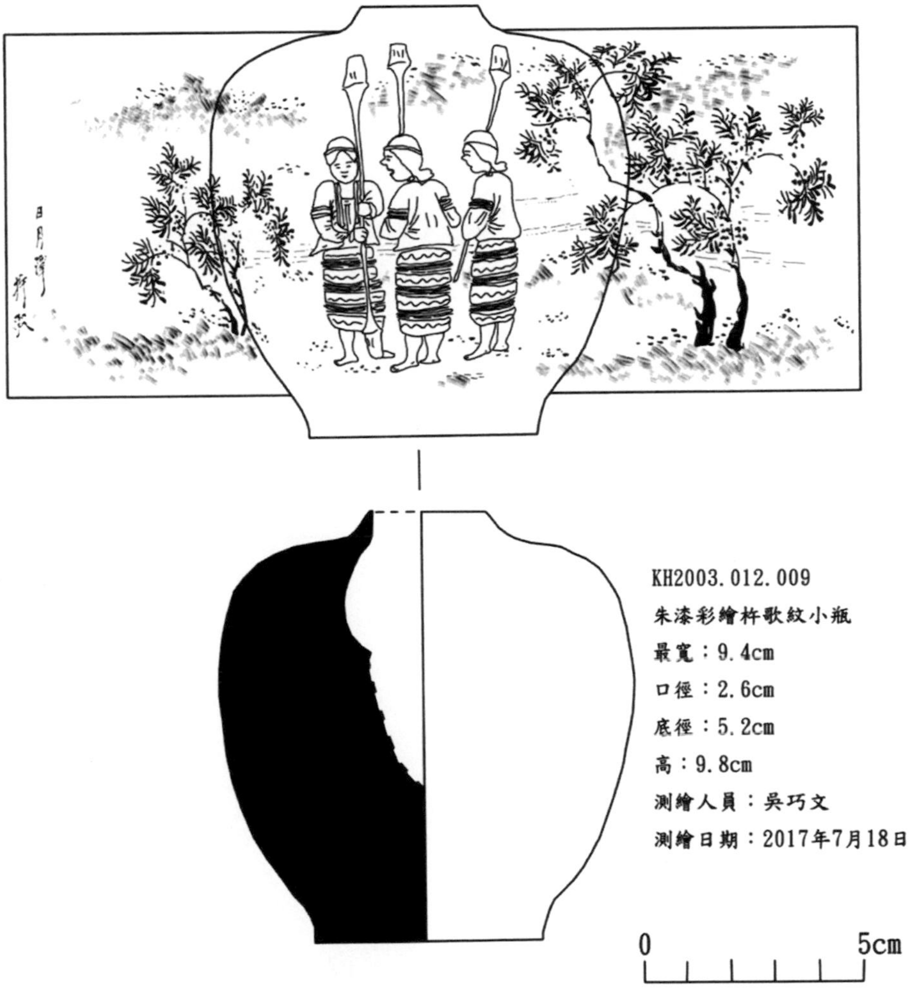

高雄市立歷史博物館藏，（筆者繪於 2017 年 7 月 18 日）

「醬色彩繪磨顯原住民織布紋小瓶」KH2008.011.023

高雄市立歷史博物館藏

圖 24. 瓶內部平底　　　　　　圖 25. 面部

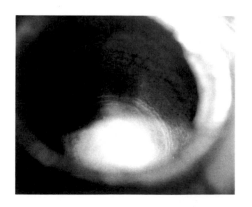
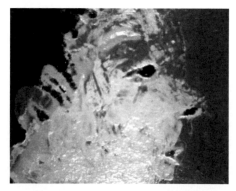

（筆者攝於 2017 年 7 月 19 日）　　（放大 50 倍）

（筆者攝於 2017 年 7 月 19 日）

（二）掛飾

依形狀可分為 b-I「圓形」、b-II「扇形」、與 b-III「方形」，共三式，「磨顯填漆」形中僅有為 b-I「圓形」與 b-III「方形」，以下分述：

b-I. 圓形：圓板狀，背面或上方有勾環，畫面滿佈，所搭配的紋飾僅有「杵歌」。以下例舉高雄市立歷史博物館所藏的「彩繪磨顯杵歌紋圓形掛飾」（圖26），長 35 公分、寬 35 公分、高 4 公分。以黑漆為地，上描繪「杵歌」母題，並搭配香蕉樹。

圖 26. 「彩繪磨顯杵歌紋圓形掛飾」

KH2001.033.007

圖源：《高雄市立歷史博物館典藏專輯・漆器篇》，頁 169。

b-III. 方形：方形板狀，上方有一對勾環，畫面滿佈，所搭配的紋飾僅有「杵歌」。以下例舉高雄市立歷史博物館所藏的「彩繪填漆原住民杵歌大掛屏」（圖 27），長 91 公分、寬 33.5 公分、高 1.3 公分。以黑漆為地，上描繪「杵歌」母題，並搭配屋舍。

圖 27. 「彩繪填漆原住民杵歌紋大掛屏」

KH2008.011.014

圖源：《高雄市立歷史博物館典藏專輯・漆器篇 2》，頁 146

掛飾的構圖較其他器形更加完整，除了近景祭儀、中景村落、湖水、遠景山雲以外，有些甚至會題詩，並繪上類似鈐印的名款，使整件作品如同人文畫一般，如高雄市立歷史博物館所藏的「彩繪填漆原住民杵歌紋大掛屏」，便在畫面右邊題詩（圖 27）：

環山合沓別乾坤，傍岸來探水社蕃。嶺口桃花開屋角，依稀風景武陵源。

山中歲月自悠悠，隨處潭橫獨木舟。疑是湘靈來鼓瑟，杵聲彈出碧潭幽。

庚辰秋作

詩中所述「水社蕃」即日月潭,「杵聲」則是表演杵歌時所發出的樂音,詩後紀上製作時間「庚辰秋作」,即昭和十五年(1940 年),在詩句前方以朱漆繪臺灣島形狀框的「吉」字款,詩末分別以朱漆方框寫下「世」、「藩」二字款,從而得知,此件作品是 1940 年林世藩所作。

(三)盤

依形狀可分為 c-I「圓盤」、c-II「方盤」、c-III「橢圓形盤」、及 c-IV「外方內圓盤」,共四式,但「磨顯填漆」類中僅有 c-I「圓盤」及 c-II「方盤」:

c-I. 圓盤:平底圓盤,畫面填滿中心平底處,所搭配的母題僅有「漁舟」。以下例舉高雄市立歷史博物館所藏的「彩繪填漆山中漁舟紋圓盤」(圖 28),長 27 公分、寬 27 公分、高 1.5 公分。微撇口、斜壁、平底。以黑漆為地,上描繪「漁舟」母題。

圖 28. 「彩繪填漆山中漁舟紋圓盤」

KH2008.011.018

圖源:《高雄市立歷史博物館典藏專輯·漆器篇 2》,頁 149。

　　c-II. 方盤：平底方盤或長方盤，母題位於平底中央，次要母題零星裝飾於周圍，搭配的母題有「杵歌」、「漁舟」、「椿米」、「織布」、及「吹奏樂器」。以下舉兩例高雄市立歷史博物館的藏品。第一例為一組四件的「黃漆彩繪原住民生活圖紋小方盤」（圖 29），長 10.5 公分、寬 10.5 公分、高 1.5 公分。直壁、平底、方盤。以黃漆為地，上分別描繪「吹奏樂器」、「織布」、「漁舟」、「椿米」母題。第二例為「彩繪杵歌長方形漆皿」（圖 30），長 10 公分、寬25.5 公分、高 0.5 公分。直壁、平底、長方盤。以黃漆為地，上描繪「杵歌」母題，搭配香蕉樹。

圖 29. 「黃漆彩繪原住民生活圖紋小方盤」

KH2001.028.004

圖源：《高雄市立歷史博物館典藏專輯‧漆器篇》，頁 60。

圖 30. 「彩繪杵歌長方形漆皿」

KH2010.003.005
圖源：高雄市立歷史博物館典藏查詢系統，
〈http://collection.khm.gov.tw/detail.aspx?ID
=16896〉，2018 年 3 月 7 日點閱

　　「磨顯填漆」類的盤形器尺寸偏小，底色與母題繪畫色彩對比度高，所描繪的母題種類較為豐富，構圖繁簡不一，與尺寸並無明顯關聯。

（四）其他

　　依器形可分為 d-I「舟形器」、d-II「盒」、與 d-III「櫃」，共三式，但「磨顯填漆」類中僅有 d-II「盒」：

　　d-II. 盒：長方形帶蓋四足盒，母題位於蓋面，搭配的母題僅有「杵歌」。以下例舉高雄市立歷史博物館的藏品「黑漆彩繪磨顯杵歌紋名片盒」（圖 31），長 23 公分、寬 16.5 公分、高 11 公分。長方盒、四角削平、側面有錐狀四足、帶蓋及繫帶。以黑漆為地，盒身繪幾何紋及「勾玉」，蓋面繪「杵歌」母題，僅繪有近景。

圖31.「黑漆彩繪磨顯杵歌紋名片盒」

KH2000.004.003

圖源:《高雄市立歷史博物館典藏專輯·漆器篇》,頁187。

以「磨顯填漆」技法製成的「蓬萊漆器」,構圖完整,具有景深,紋飾多以色塊描繪,細節處以在漆乾燥前刮除的方式刻畫,筆觸粗曠,部分作品會題詩或留下母題名稱的款文,如「日月潭杵歌」、「番女織機」等,並繪上類似鈐印的名款,使整件作品散發人文畫的氛圍。

三、「雕木彩漆」工藝技法

「雕木彩漆」類的漆器是在木胎上將紋飾刻出後打底,再塗以色漆,後罩上透明漆,乾燥後研磨,形成淺浮雕的效果。此種技法在明代《髹飾錄》「堆紅」一條中稱「又有木胎雕刻者,工巧愈遠矣。」〔註13〕,也就是俗稱的「假雕漆」。而在日本此種技法為「讚岐漆器」的特色。

此類的器形包含「掛飾」、「盤」、及「其他」三形,包含的母題有「杵歌」、「漁舟」、「椿米」、「生活寫照」、及「幾何紋」,以下分述。

〔註13〕王世襄,《髹飾錄解說——中國傳統漆工藝研究》,頁129。

（一）掛飾

依形狀可分為 b-I「圓形」、b-II「扇形」、與 b-III「方形」，共三式，「雕木彩漆」形中僅有為 b-I「圓形」：

b-I. 圓形：圓板狀，背面或上方有勾環，部分勾環以流蘇為飾，畫面滿佈，所搭配的紋飾有「杵歌」及「漁舟」。以下例舉兩件高雄市立歷史博物館的藏品。第一例為「木雕彩繪杵歌紋圓形掛飾」（圖32），長 39 公分、寬 39 公分、高 2 公分。以朱漆為地，上雕刻「杵歌」母題，並搭配香蕉樹。第二例為「雕刻彩繪漁舟圖紋掛飾」（圖33），長 29.8 公分、寬 29.8 公分、高 1.7 公分。以褐漆為地，上雕刻「漁舟」母題，並搭配椰子樹。

圖32.「木雕彩繪杵歌紋圓形掛　　圖33.「雕刻彩繪漁舟圖紋掛飾」
　　　 飾」

KH2000.004.007　　　　　　　　　　KH2008.011.034
圖源：《高雄市立歷史博物館典藏專　　圖源：《高雄市立歷史博物館典藏
輯・漆器篇》，頁 162。　　　　　　　專輯・漆器篇2》，頁 167。

雕木彩漆類的掛飾構圖方式基本與磨顯填漆類相同，畫面滿佈，並分為前、中、後景，部分會使用鏤空的手法表現雲，或區分前、後景。紋飾則是先在木胎上將主要外形以陰刻線刻出（圖 34），再依不同塊面分別上色（圖 35），並描繪細微的水波、山體或其他細節（圖 36）。

「雕刻彩繪漁舟圖紋掛飾」KH2008.011.034

高雄市立歷史博物館藏

圖 34. 手臂處雕刻　　圖 35. 以金粉裝飾的　　圖 36. 山體細紋
　　　　　　　　　　　　　椰子

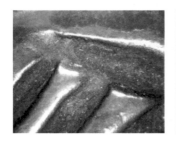 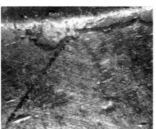 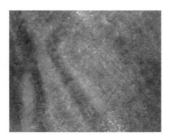

（放大 50 倍）（筆者攝於　（放大 50 倍）（筆者攝於　（放大 50 倍）（筆者攝於
2017 年 7 月 19 日）　　2017 年 7 月 19 日）　　2017 年 7 月 19 日）

（二）盤

　　依形狀可分為 c-I「圓盤」、c-II「方盤」、c-III「橢圓形盤」、及 c-IV「外方內圓盤」，共四式，「雕木彩漆」類有 c-I「圓盤」、c-II「方盤」、及 c-IV「外方內圓盤」三式：

　　c-I. 圓盤：平底圓盤，畫面填滿中心平底處，所搭配的紋飾有「杵歌」及「幾何紋」。以下例舉三件高雄市立歷史博物館的藏品。第一例為「雕刻彩繪杵歌紋圓盤」（圖 37），長 29.5 公分、寬 29.5 公分、高 1.5 公分。以褐漆為地，盤心外緣留白，盤心雕刻「杵歌」母題。第二例為「雕刻彩繪臺灣風物紋漆盤」（圖 38），長 28 公分、寬 28 公分、高 2 公分。折沿、平底。以褐漆為地，盤沿及盤心外緣以幾何紋裝飾，盤心雕刻「杵歌」母題。第三例為「朱地雕刻原住民圖紋圓盤」（圖 39），長 41.2 公分、寬 42.2 公分、高 2.6 公分。以朱漆為地，盤心外緣以幾何紋裝飾，盤心雕刻幾何人像紋。

圖 37. 「雕刻彩繪杵歌紋圓盤」

KH2000.004.009

圖源：《高雄市立歷史博物館典藏專輯・漆器篇》，頁 63。

圖 38. 「雕刻彩繪臺灣風物紋漆盤」

KH2001.030.013
圖源:《高雄市立歷史博物
館典藏專輯・漆器篇》,頁
69。

圖 39. 「朱地雕刻原住民圖紋圓盤」

KH2003.012.006
圖源:《高雄市立歷史博物
館典藏專輯・漆器篇 2》,
頁 109。

　　「雕木彩漆」一類的作品，為母題上色時，大多依照雕刻出的輪廓填色（圖 37、圖 38），但也有部分作品刻意製造出不平滑的胎體後，在表面堆疊多層不同顏色的漆層，再加以打磨，由於打磨時的受力不均，使成品顯現出多種不同的色彩（圖 40）。

圖 40. 刻意製造出不平滑的胎體

高雄市立歷史博物館藏，「朱地雕刻原住民圖紋圓盤」KH2003.012.006（筆者攝於 2017 年 7 月 19 日）

　　c-II. 方盤：平底方盤或長方盤，母題位於平底中央，次要母題零星裝飾於周圍，構圖模式基本上與「磨顯填漆」類相同，搭配的母題有「杵歌」、「椿米」、及「幾何紋」。以下舉兩組高雄市立歷史博物館的藏品。第一例為一組五件的「雕刻彩繪臺灣風物紋小盤」，其中兩件描繪原住民母題（圖 41），長 13.2 公分、寬 13.3 公分、高 1 公分。壁微傾、平底、方盤。以褐漆為地，上分別雕刻「椿米」、及「杵歌」母題，畫面滿佈，景深較不明顯。第二例為「木雕木漆原住民圖紋長方盤」（圖 42），長 26 公分、寬 14.8 公分、高 1.1 公分。

斜壁、平底、方盤。以褐漆為地，上雕刻「幾何」母題，幾何紋成帶狀，交叉於盤面，其餘畫面留白。

圖 41. 「雕刻彩繪臺灣風物紋小盤」

KH2000.004.014-2

圖源：《高雄市立歷史博物館典藏專輯・漆器篇》，頁 58。

圖 42. 「木雕木漆原住民圖紋長方盤」

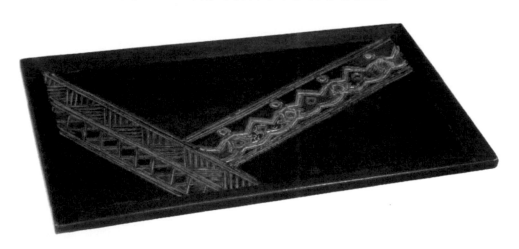

KH2008.011.029

圖源：《高雄市立歷史博物館典藏專輯・漆器篇 2》，頁 163。

　　c-IV. 外方內圓盤：平底外方內圓盤，外緣折沿，平底中央雕刻主要母題，折沿處雕刻次要母題，所搭配的母題僅有「漁舟」。以下例舉高雄市立歷史博物館的「雕刻彩繪獨木舟紋盤」（圖 43），長 18 公分、寬 17.5 公分、高 1.5 公

分。以褐漆為地，盤心雕刻「漁舟」母題，盤沿以鳳梨為飾，主要母題與次要母題並無關連，僅將代表臺灣的物產並置，呼應款文中的「南島風俗」。

圖 43.「雕刻彩繪獨木舟紋盤」

KH2000.004.010

圖源：《高雄市立歷史博物館典藏專輯‧漆器篇》，頁 77。

（三）其他

依器形可分為 d-I「舟形器」、d-II「盒」、與 d-III「櫃」，共三式，以下分述：

d-I. 舟形器：造型似達悟族的獨木舟，部分有蓋，器身有長短之別，所搭配紋飾僅有「幾何紋」，以下例舉兩件高雄市立歷史博物館的藏品。

第一例為一組五件的「木雕彩繪原住民圖紋煙具組」（圖 44），其中舟形器長 13.3 公分、寬 19 公分、高 10.3 公分。造型似達悟族的獨木舟，兩端錐狀上翹，帶半圓形蓋，器身短寬。以褐漆為地，船身雕刻幾何紋為邊飾，並開光，開光內雕刻「肢體相連人像」。

第二例為「雕刻罩明彩繪達悟族獨木舟」（圖 45），長 40 公分、寬 14.5
公分、高 9 公分。器身造型似達悟族的獨木舟，兩端錐狀上翹，器身細長。
以褐漆為地，船身雕刻幾何紋為邊飾，內雕刻「肢體相連人像」。

圖 44. 「木雕彩繪原住民圖紋煙具組」

KH2005.017.001
圖源：《高雄市立歷史博物館典藏專輯・漆器篇 2》，頁 119。

圖 45. 「雕刻罩明彩繪達悟族獨木舟」

KH2003.012.003
圖源：《高雄市立歷史博物館典藏專輯・漆器篇 2》，頁 106。

　　舟形器的造型特殊，且具有一定數量，高雄市立歷史博物館藏有五件，其餘器形的作品品質差異較大，但舟形器製作均屬上品，其中「木雕彩繪原住民圖紋煙具組」甚至幾乎全器均以金粉裝飾（圖 46），且胎體孔洞較大，似乎並非木胎（圖 47）。

「木雕彩繪原住民圖紋煙具組」KH2005.017.001

高雄市立歷史博物館藏

圖 46. 蓋上幾何紋飾以金粉　　　　　圖 47. 胎體孔洞

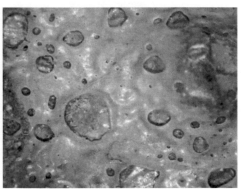

（放大 50 倍）　　　　　　　　（放大 50 倍）
（筆者攝於 2017 年 7 月 19 日）　　　（筆者攝於 2017 年 7 月 19 日）

d-II. 盒：長方形帶蓋盒，蓋面填滿紋飾，蓋面及器身周圍以帶狀幾何紋飾帶裝飾，所搭配主要母題為「杵歌」。以下例舉國立臺灣工藝研究發展中心的藏品「蓬萊塗硯盒」（圖 48），長 28.9 公分、寬 22.6 公分、高 6.1 公分。長方盒、帶蓋，內有一隔板。以褐漆為地，蓋面及盒身邊緣以幾何紋飾帶裝飾，蓋面中心雕刻「杵歌」母題。

圖 48. 「蓬萊塗硯盒」

201304008
國立臺灣工藝研究發展中心藏，（筆者攝於 2017 年 9 月
5 日）

「蓬萊塗硯盒」為目前所見唯一一件確認由山中公所製作的「蓬萊漆器」，作為主要母題的杵歌呈現標準的近景祭儀、中景湖水、遠景高山的構圖（圖 49），雕刻深度較深，接近淺浮雕，刻痕中有未將刻除的木屑清理乾淨就上漆所形成的點狀突起（圖 50），湖水以平行橫條紋表示，畫面色塊工整，大色塊筆觸明顯，與舟形器相同，全器使用大量金粉裝飾（圖 51）。

圖 49. 「蓬萊塗硯盒」線繪圖

201304008
蓬萊塗硯盒
長28.9cm
寬22.6cm
高6.1cm
測繪人員：吳巧文
測繪日期：2017/9/5

0   5cm

201304008
國立臺灣工藝研究發展中心藏（筆者繪於 2017 年 9 月 5 日）

圖 50. 雕刻處點狀痕細節照   圖 51. 三角幾何紋邊飾處金粉細節

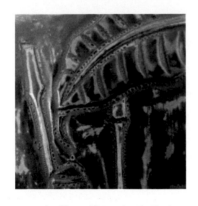 

國立臺灣工藝研究發展中心   國立臺灣工藝研究發展中心藏，「蓬萊塗硯盒」
藏，「蓬萊塗硯盒」201304008   201304008（筆者攝於 2017 年 7 月 19 日）
（筆者攝於 2017 年 7 月 19 日）

　　d-III. 櫃：長方形櫃，所搭配主要母題為「幾何紋」。以下例舉高雄市立歷史博物館所藏的「木雕彩繪原住民圖紋手提式漆煙具組」（圖 52），長 15.8 公分、寬 13 公分、高 23.2 公分。上方面板兩側下凹，方便提拿，下方有一抽屜及矮遮版，矮遮版內置一小長方盒及一菸灰缸，造型特殊，目前僅見此一組。以黑漆為地，所搭配紋飾為「幾何紋」，全器以帶狀幾何紋作為邊飾，內雕刻山豬及人像。

圖 52.　「木雕彩繪原住民圖紋手提式漆煙具組」

KH2005.017.007
圖源：《高雄市立歷史博物館典藏專輯・漆器篇 2》，頁 125。

　　以「雕木彩漆」技法製成的「蓬萊漆器」，常以帶狀幾何紋作為邊飾、開光，內雕刻主要母題的輪廓線，並依照輪廓填色。部分作品在處理底漆時，會刻意製造出不平滑的胎體，在表面堆疊多層不同顏色的漆層，再加以打磨，由於打磨時的受力不均，使成品顯現出多種不同的色彩。

四、「鑲嵌」類工藝技法

「鑲嵌」，指在紋飾部分鑲嵌貝或牛骨。〔註14〕此類的器形僅有「瓶形器」一形，所搭配的母題僅有「幾何紋」。

「瓶形器」依器身形態可分為 a-I「細長瓶」、與 a-II「矮胖瓶」，共兩式，「鑲嵌」類中僅有 a-II「矮胖瓶」：以下例舉高雄市立歷史博物館所藏的「黑漆鑲貝原住民圖紋瓶」（圖 53），最寬 20.7 公分、高 29.1 公分。器身渾圓，小口、束頸、寬肩、底部稍收，下接圈足。以黑漆為地，肩部及下腹以飾帶裝飾，主要母題介於兩飾帶之間，所搭配的母題僅有「幾何紋人像」。

圖 53. 「黑漆鑲貝原住民圖紋瓶」

KH2001.028.003

圖源：《高雄市立歷史博物館典藏專輯・漆器篇 2》，頁 108。

〔註14〕 「蓬萊漆器」中所鑲嵌的「飾物」包含貝殼與骨、竹等，其中將貝殼鑲嵌於漆器上，在《髹飾錄》中稱為「螺鈿」，而鑲嵌金、銀則稱為「嵌金銀」、「金銀平脫」，鑲嵌骨、竹則無特殊的專有名詞。

「黑漆鑲貝原住民圖紋瓶」胎體極厚，瓶內空間成圓柱狀，空間狹小，且無髹漆等防水處理（圖 54），所鑲嵌的貝殼多已剝落，但由漆面凹陷的痕跡可見，原本應有的「幾何紋人像」（圖 55）。

圖 54. 內部車削細節照

高雄市立歷史博物館藏，「黑漆鑲貝原住民圖紋瓶」KH2001.028.003（筆者攝於 2017 年 7 月 19 日）

圖 55. 人物紋飾細節細節照

高雄市立歷史博物館藏，「黑漆鑲貝原住民圖紋瓶」KH2001.028.003（筆者攝於 2017 年 7 月 19 日）

以「鑲嵌」技法製成的「蓬萊漆器」，構圖方式與「雕木彩漆」類似，以帶狀幾何紋作為邊飾，內鑲嵌主要母題，以黑漆為地，鑲嵌銀白色的貝殼，在色彩上對比強烈。

五、複合類工藝技法

複合類工藝技法，指結合上述多種技法所製成的「蓬萊漆器」，包含「磨顯填漆加鑲嵌」、「雕木彩漆加繪畫」、及「雕木彩漆加鑲嵌」三個子類。此類的器形有「瓶形器」、「掛飾」、「盤」、及「其他」，共四形，包含的母題有「杵歌」、「舞踊」、「吹奏樂器」、「漁舟」、及「幾何紋」，以下分述。

（一）瓶形器

依器身形態可分為 a-I「細長瓶」、與 a-II「矮胖瓶」，共兩式：

a-I. 細長瓶：器身有圓、或方，紋飾繪於器腹，頸部以上留白，僅有「磨顯填漆加鑲嵌」一子類，此形所搭配的母題有「杵歌」及「吹奏樂器」，以下例舉三件案例。

　　第一例為賴高山藝術紀念館所藏的「黑漆鑲貝彩繪磨顯杵歌、吹笛紋瓶」（圖 56），最寬處 18.5 公分、高 27.5 公分。侈口束頸、溜肩腹微鼓、下接假圈足。以黑漆為地，藉由鑲嵌貝殼飾帶將瓶面分為上、中、下、及前、後幾個大區域，上部繪山豬紋、中部前、後分別繪「杵歌」及「吹奏樂器」母題，下部則是幾何波浪紋，以「磨顯填漆」技法描繪。

　　第二例為高雄市立歷史博物館所藏的「彩繪填漆杵歌紋四方瓶」（圖 57），最寬處 11.6 公分、高 39.5 公分。四方瓶、直口束頸、折肩腹微鼓、下接底座。以黑漆為地，上描繪「杵歌」母題，並搭配香蕉樹，人物面部及手腳鑲嵌貝殼，其餘以「磨顯填漆」技法描繪。

　　第三例為高雄市立歷史博物館所藏的「黑漆彩繪磨顯杵歌紋瓶」（圖 58），長 20 公分、寬 20 公分、高 30 公分。圓瓶、斂口、溜肩腹微鼓、下接平底。以黑漆為地，上描繪「杵歌」母題，並搭配香蕉樹，人物面部及手腳鑲嵌貝殼，其餘以「磨顯填漆」技法描繪。

圖 56. 「黑漆鑲貝彩繪磨顯杵歌、吹笛紋瓶」

賴高山藝術紀念館藏（筆者攝於 2016 年 10 月 15 日）

圖 57. 「彩繪填漆杵歌紋四方瓶」

KH2008.013.002
圖源：《高雄市立歷史博物館典藏
專輯‧漆器篇 2》，頁 178。

圖 58. 「黑漆彩繪磨顯杵歌紋瓶」

KH2001.033.020
圖源：《高雄市立歷史博物館典藏
專輯‧漆器篇》，頁 179。

在「蓬萊漆器」中少見在單一文物中使用多重母題的現象，此現象多使用於複合類的瓶形器中，此類瓶藉由鑲嵌貝殼飾帶將瓶面分為多個區域，分別繪製不同母題（圖56）。而方形瓶並未使用飾帶區分畫面，而是以類似文人畫的構圖方式，將畫面跨越稜線，填滿瓶身前半部，後半部留白（圖59），貝殼則是鑲嵌於人物的面部與手腳（圖60）。

圖 59. 瓶身側面　　　　　　圖 60. 杵歌紋細節照

高雄市立歷史博物館藏，「彩繪填漆杵歌紋四方瓶」KH2008.013.002（筆者攝於 2017 年 7 月 20 日）　高雄市立歷史博物館藏，「彩繪填漆杵歌紋四方瓶」KH2008.013.002（筆者攝於 2017 年 7 月 20 日）

a-II. 矮胖瓶：器身渾圓，小口、束頸、寬肩、底部稍收、無圈足，有「磨顯填漆加鑲嵌」及「雕木彩漆加繪畫」兩類，此形所搭配的母題有「杵歌」及「吹奏樂器」，以下例舉兩件高雄市立歷史博物館的藏品。第一例為「黑漆鑲貝彩繪原住民圖紋瓶」（圖61），長35公分、寬35公分、高30公分。為「磨顯填漆加鑲嵌」子類，撇口、束頸、寬肩、腹微鼓、下接平底。以黑漆為地，構圖方式與細長瓶相同，肩部及下腹藉由鑲嵌貝殼飾帶區隔畫面，主要母題繪於兩飾帶之間，上部繪山豬紋、中部前、後分別繪「杵歌」及「吹奏樂器」母題，下部則是幾何波浪紋，以「磨顯填漆」技法描繪。第二例為「雕刻彩繪填漆臺灣風物紋漆瓶」（圖62），寬11.7公分、高13.8公分。為「雕木彩漆

加繪畫」子類，撇口、束頸、溜肩、下接平底。以褐漆為地，同樣以幾何飾帶區隔畫面，主要母題以「雕木彩漆」技法刻劃，次要母題以繪畫的方式表現（圖 63）。

圖 61. 「黑漆鑲貝彩繪原住民圖紋瓶」 圖 62. 「雕刻彩繪填漆臺灣風物紋漆瓶」

KH2001.033.026
圖源：《高雄市立歷史博物館典藏專輯・漆器篇》，頁 182。

KH2008.011.024
圖源：《高雄市立歷史博物館典藏專輯・漆器篇 2》，頁 158。

圖 63. 次要母題細節照

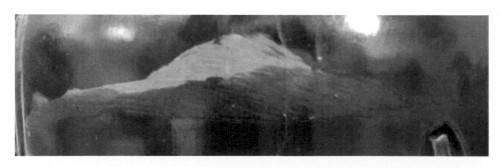

高雄市立歷史博物館藏，「雕刻彩繪填漆臺灣風物紋漆瓶」KH2008.011.024（筆者攝於 2017 年 7 月 19 日）

（二）掛飾

依形狀可分為 b-I「圓形」、b-II「扇形」、與 b-III「方形」，共三式，複合形中僅有為 b-I「圓形」與 b-II「扇形」，以下分述：

b-I. 圓形：圓板狀，背面或上方有勾環，畫面滿佈，所搭配的紋飾僅有「杵歌」。以下例舉高雄市立歷史博物館的藏品「黑漆彩繪磨顯日月潭杵歌紋圓形掛飾」（圖 64），長 39 公分、寬 39 公分、高 1 公分。以黑漆為地，上描繪「杵歌」母題，並搭配香蕉樹。所使用技法為「磨顯填漆加鑲嵌」，構圖與「磨顯填漆」類、「雕木彩漆」類的圓形掛飾並無二致，僅在人物臉部、足部或服裝飾帶處鑲嵌貝殼。

圖 64.　「黑漆彩繪磨顯日月潭杵歌紋圓形掛飾」

KH2000.004.021

圖源：《高雄市立歷史博物館典藏專輯・漆器篇》，頁 165。

　　b-II. 扇形：扇形板狀，上方有一對勾環，所搭配的紋飾有「杵歌」及「舞踊」，以下例舉兩件高雄市立歷史博物館所藏品。第一例為「磨顯填漆原住民舞踊紋扇形掛飾」（圖 67～68），長 53 公分、寬 23.9 公分、高 1.6 公分。以黑漆為地，上描繪「舞踊」母題。第二例為「黑漆鑲貝彩繪磨顯日月潭杵歌紋扇形掛飾」（圖 66），長 60.5 公分、寬 27.5 公分、高 1.3 公分。以黑漆為地，上描繪「杵歌」母題。兩者所使用技法均為「磨顯填漆加鑲嵌」，構圖與「磨顯填漆」類的方形掛飾並無二致，近景主要母題、中景村落、遠景山雲，並在作品邊緣題詩、繪上類似鈐印的名款，使整件作品如同人文畫一般，僅在人物臉部、足部或服裝飾帶處鑲嵌貝殼。

圖 66.「黑漆鑲貝彩繪磨顯日月潭杵歌紋扇形掛飾」

KH2000.004.019
圖源：《高雄市立歷史博物館典藏專輯・漆器篇》，頁 163。

　　「磨顯填漆原住民舞踊紋扇形掛飾」為林世藩於大正十三年（1924 年）製作，人物臉部及手、腳處鑲嵌貝殼，並在貝殼上刻出眼、眉等細節（圖 67），背景多處撒上金粉，提高亮度（圖 68），製作年代早但整體製作精良、構圖成熟。

「磨顯填漆原住民舞踊紋扇形掛飾」KH2008.011.027

高雄市立歷史博物館藏，圖源：《高雄市立歷史博物館典藏專輯・漆器篇 2》，頁161。

圖 67. 人物臉部細節　　　　　圖 68. 樹叢飾以金粉

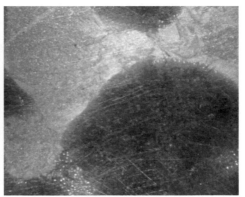

（放大 50 倍）　　　　　　　（放大 50 倍）
（筆者攝於 2017 年 7 月 19 日）　（筆者攝於 2017 年 7 月 19 日）

（三）盤

依形狀可分為 c-I「圓盤」、c-II「方盤」、c-III「橢圓形盤」、及 c-IV「外方內圓盤」，共四式，複合類中有 c-II「方盤」、c-III 橢圓形盤、及 c-IV「外方內圓盤」，共三式：

c-II. 方盤：平底長方盤，母題位於平底中央，所搭配的母題僅有「幾何紋」。以下例舉高雄市立歷史博物館的藏品「木雕木漆原住民圖紋長方盤」（圖69），長 30 公分、寬 20 公分、高 5 公分。斜壁、平底長方盤。以「雕木彩漆加鑲嵌」的技法製成，在不平滑的胎體上堆疊多層不同顏色的漆層，加以打磨，使底漆顯現出多種不同的色彩，盤心四周雕刻幾何飾帶，其間鑲嵌貝殼裝飾，飾帶內雕刻對稱幾何紋。

圖 69. 「木雕木漆原住民圖紋長方盤」

KH2000.033.016

圖源：《高雄市立歷史博物館典藏專輯‧漆器篇》，頁 93。

c-III. 橢圓形盤：平底橢圓盤，口沿寬，所搭配的母題僅有「杵歌」。以下例舉高雄市立歷史博物館的藏品「黑漆彩繪磨顯臺灣風物紋圓盤」（圖70），長 41.2 公分、寬 28.4 公分、高 4.6 公分。折沿、圓弧壁、平底橢圓盤。製作技法為「磨顯填漆加鑲嵌」，畫面滿佈至口沿處，以「磨顯填漆」技法繪製「杵歌」，與其他「磨顯填漆加鑲嵌」不同，並非在主要母題的人物上貼貝，而是在周圍的蕉葉、鳳梨等次要母題處貼細貝，且細貝並無固定形狀，僅為提升盤面畫作顏色的層次，而非表現幾何造型而貼（圖71）。

圖 70. 「黑漆彩繪磨顯臺灣風物紋圓盤」

KH2001.033.030

圖源:《高雄市立歷史博物館典藏專輯‧漆器篇》,頁 75。

圖 71. 蕉葉四周貼細貝

高雄市立歷史博物館藏,「黑漆彩繪磨顯臺灣風物紋圓盤」KH2001.033.030
(筆者攝於 2017 年 7 月 18 日)

　　c-IV. 外方內圓盤：平底外方內橢圓盤，外緣折沿，僅有「雕木彩漆加繪畫」一子類，所搭配的母題僅有「漁舟」。以下例舉賴高山藝術紀念館藏的「八雲塗漆盤」（圖 73～77），長 39.5 公分、寬 28 公分、高 3 公分。以整塊方形木材雕刻而成，盤心處下挖平底橢圓形承盤，周圍以直條紋雕刻為飾，背面為平底，四邊微傾（圖 73）。以黑漆及褐漆為地，盤心以「磨顯填漆」技法繪「漁舟」母題，盤沿以「雕木彩漆」技法雕刻鳳梨為飾（圖 74），主要母題與次要母題並無關連，僅將代表臺灣的物產並置。畫面上方、右側、左下方留白處，分別以紅漆落「日月潭風光」（圖 75）、「高山作」（圖 76）、及「14.12.23.土」（圖 77）等銘文。

圖 73.「八雲塗漆盤」線繪圖

黑漆彩繪原住民泛舟紋倭角方盤
長：39.5cm
寬：28cm
高：3cm
測繪人員：吳巧文
測繪日期：2017年7月12日

賴高山藝術紀念館藏（筆者繪於 2017 年 7 月 12 日）

「八雲塗漆盤」

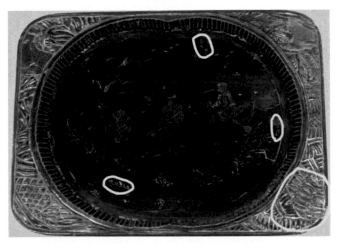

賴高山藝術紀念館藏（筆者攝於 2016 年 10 月 15 日）

圖 74. 四角盤沿以雕木彩漆鳳梨為飾　圖 75. 「日月潭風光」銘文

（筆者攝於 2016 年 10 月 15 日）　　（筆者攝於 2016 年 10 月 15 日）

圖 76. 「高山作」銘文　　　　圖 77. 「14.12.23.土」銘文

 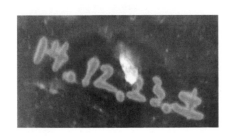

（筆者攝於 2016 年 10 月 15 日）　　（筆者攝於 2016 年 10 月 15 日）

（四）其他

依器形可分為 d-I「舟形器」、d-II「盒」、與 d-III「櫃」，共三式，複合類
製作技法僅有有 d-II「盒」一式：

d-II. 盒：長方形帶蓋盒，內有一夾層，僅有「磨顯填漆加鑲嵌」一子類，
所搭配的母題僅有「杵歌」。以下例舉高雄市立歷史博物館藏的「骨、木雕彩
鑲嵌彩繪杵歌紋方盒」（圖 78），長 40 公分、寬 29 公分、高 12 公分。蓋面填
滿紋飾，構圖與其他類型差異不大，僅於人物，以及部分次要母題，如香蕉
樹、石頭、遠山處以其他材質雕刻，並鑲嵌於蓋面（圖 79、圖 80）。

圖 78.「骨、木雕彩鑲嵌彩繪杵歌紋方盒」

KH2008.011.033

圖源：《高雄市立歷史博物館典藏專輯・漆器篇 2》，頁 98。

圖 79. 杵歌人物雕刻細節

高雄市立歷史博物館藏,「骨、木雕彩鑲嵌彩繪杵歌紋方盒」
KH2008.011.033（筆者攝於 2017 年 7 月 20 日）

圖 80. 香蕉樹底部斷面細節

高雄市立歷史博物館藏,「骨、木雕彩鑲嵌彩繪杵歌紋方盒」
KH2008.011.033（筆者攝於 2017 年 7 月 20 日）

以複合技法製成的「蓬萊漆器」，包含「磨顯填漆加鑲嵌」、「雕木彩漆加繪畫」、及「雕木彩漆加鑲嵌」三個子類，其中以「磨顯填漆加鑲嵌」最為常見，構圖與「磨顯填漆」幾乎相同，僅以貝殼鑲嵌於人物的面部與手腳處，加強色彩對比。在構圖方面，「蓬萊漆器」中少見在單一文物中使用多重母題的現象，此現象出現於複合類的瓶形器中，藉由飾帶將瓶面分為多個區域，分別繪製不同母題。「雕木彩漆加繪畫」類則是以不同製作技法區隔主要母題及次要母題。「雕木彩漆加鑲嵌」類型的鑲嵌區域小，與「磨顯填漆加鑲嵌」相同，僅為加強色彩對比而使用。

六、小結

經由上述的分析可知，「蓬萊漆器」器形多樣，且尺寸偏小、裝飾性強，除掛飾外，瓶形器內部容量小，且未見有防水處理，難以作為花器使用，雕刻及鑲嵌技法製作的盤子也較難作為實用器使用。

在表現形式方面，「蓬萊漆器」多以深色為底，母題佈滿器身，與同時期較多留白的日本漆器不同。在色彩使用的特徵，則是以紅、綠等多種明度較高的色彩描繪，且鑲嵌不同材質於漆面，僅作為配色使用，與同時期喜以紅色或黑色為底，並以鑲嵌貝殼表現主要紋飾的福州漆器也有明顯的區別。

以「磨顯填漆」及「磨顯填漆加鑲嵌」技法製成的「蓬萊漆器」，構圖完整，具有景深，紋飾多以色塊描繪，細節處以在漆乾燥前刮除的方式刻畫，筆觸粗曠，部分作品會題詩或留下母題名稱的款文，並繪上類似鈐印的名款，使作品散發人文畫的氛圍。

以「雕木彩漆」技法製成的「蓬萊漆器」，常以帶狀幾何紋作為邊飾、開光，內雕刻主要母題的輪廓線，並依照輪廓填色。以「鑲嵌」技法製成的「蓬萊漆器」，構圖方式與「雕木彩漆」類似，以帶狀幾何紋作為邊飾，內鑲嵌主要母題，以黑漆為地，鑲嵌銀白色的貝殼，在色彩上對比強烈。

「蓬萊漆器」使用技法多元，但母題與表現手法具有固定的模式（表11），且器形與母題之間並未有明顯的關聯。作品多以近景主要母題、中景水紋或留白、遠景高山的構圖模式，而幾何紋則常以帶狀幾何紋飾帶，搭配山豬、人物等次要母題表現。另一方面，「雕木彩漆」類的作品，多運用「幾何紋」作為邊飾，應與模擬排灣族木雕的視覺效果有關。在下一章節將梳理「蓬萊漆器」中常用母題的表現形式，及其意涵。

表 11. 器形與技法之對應關係

技法 器形	磨顯填漆	雕木彩漆	鑲嵌	複合類
a-I. 細長瓶	 圖源同圖 16			 圖源同圖 56
a-II. 矮胖瓶	 圖源同圖 17		 圖源同圖 53	 圖源同圖 62
b-I. 圓形掛飾	 圖源同圖 26	 圖源同圖 32		 圖源同圖 64
b-II. 扇形掛飾				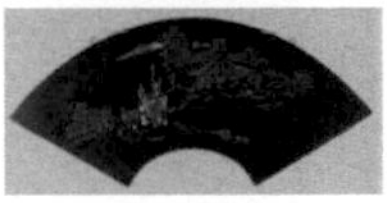 圖源同圖 66
b-III. 方形掛飾	圖源同圖 27			
c-I. 圓盤	 圖源同圖 28	 圖源同圖 37		

c-II. 方盤	 圖源同圖 30	 圖源同圖 41	 圖源同圖 69
c-III. 橢圓盤			 圖源同圖 70
c-IV. 外方內圓盤		 圖源同圖 43	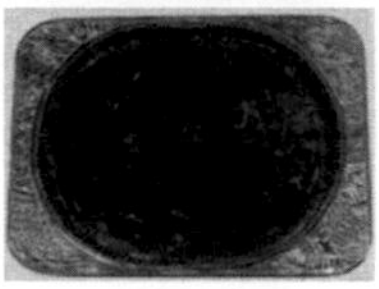 圖源同圖 72
d-I. 舟形器		 圖源同圖 44	
d-II. 盒	 圖源同圖 31	 圖源同圖 48	 圖源同圖 78
d-III. 櫃		 圖源同圖 52	

「＼」表示筆者所收集樣本中，並未見此種類型。

肆、原住民題材的風格特徵與
表現手法異同

　　「蓬萊漆器」中表現臺灣原住民的母題有：「杵歌」、「舞踊」、「漁舟」、「椿米」、「織布」、「吹奏口簧琴」、「頂壺」、及「幾何紋」等八種，可依照性質分為描繪祭典儀式場景的「祭儀」、描繪日常生活樣貌的「日常生活」、及模仿原住民木雕用器紋飾的「幾何紋」三大類。筆者將在本章節比較「蓬萊漆器」所使用的母題，與其他媒材表現方式的異同，並了解這些母題所代表的意涵。

　　筆者選用的「其他媒材」包含明信片、戳章、《教育所‧圖畫帖‧教師用》、《教育所‧略畫帖》、美術作品等。其中明信片由較具代表性的專書，國家圖書館所出版的《世紀容顏——百年前的臺灣原住民圖像》上、下冊，〔註 1〕及臺灣圖書館所出版的《日治時期（1895～1945）繪葉書：臺灣風景明信片》三冊，〔註 2〕共五冊圖錄中選用；戳章則選用大正六年（1917 年）臺灣總督府發行「始政二十二周年紀念戳章」、昭和九年（1934 年）臺灣總督府委託鹽月桃甫（しおつき　とうほ，1886～1954）設計的臺灣風景名勝紀念戳章、及臺北

〔註 1〕陳宗仁，《世紀容顏：百年前的臺灣原住民圖像（上）》，臺北：國家圖書館，2003 年；陳宗仁，《世紀容顏：百年前的臺灣原住民圖像（下）》，臺北：國家圖書館，2003 年。

〔註 2〕張良澤、高坂嘉玲主編，《日治時期（1895～1945）繪葉書：臺灣風景明信片‧全島卷（上）》，新北：臺灣圖書館，2013 年；張良澤、高坂嘉玲主編，《日治時期（1895～1945）繪葉書：臺灣風景明信片‧全島卷（下）》，新北：臺灣圖書館，2013 年；張良澤、高坂嘉玲主編，《日治時期（1895～1945）繪葉書：臺灣風景明信片‧花蓮港廳、臺東廳卷》，新北：臺灣圖書館，2013 年。

「尚美閣特產店」的店章;《教育所‧圖畫帖‧教師用》四冊、〔註3〕及《教育所‧略畫帖》,〔註4〕共五冊,則為昭和十年(1935年)臺灣總督府教育所警務局委託臺灣畫家藍蔭鼎(1903～1979)編纂,給番人公學校一到四年級生的美術課本;美術作品則包含臺灣美術展覽會(臺展)、臺灣總督府美術展覽會(府展)、及鹽月桃甫為《生番傳說集》所設計的封面版畫。藉由上述「視覺藝術」作品,選用構圖及表現方式具有代表性的作品,與「蓬萊漆器」進行比較。

一、祭儀

(一)杵歌

關於日月潭邵族的「杵歌」,目前可見較早有系統的記錄為,日治時期臺灣總督府臨時臺灣舊慣調查會於大正八年(1919年)的調查報告:

> 自古以來,邵族習慣在屋內地板鋪一塊石板,用以代替臼來舂搗粟米。舂搗粟米是女人的工作,五、六位婦女站在石板周圍,各自手持六、七尺的長杵(有大小之分),緩急一致,一面擊杵,一面用腳撥弄粟穀,每根杵的聲音皆有不同,聲韻優美彷彿天樂。……。她們的後方還有一位妙齡少女,蹲在地上低唱著蕃歌,並與杵手們的動作合一,可說到達出神入化之境界。〔註5〕

這段文章描述的是邵族婦女在椿米時,因勞動而自然響起的聲音,僅有單純的「撞(舂)石音」而無歌唱。〔註6〕且祭典中的杵音只允許婦女參加,男性甚至在祭典前一夜不許進入杵音的場地。〔註7〕

大正九年佐藤春夫(さとう はるお,1892～1964)至日月潭遊覽時,同行的同伴表示到日月潭便需至蕃社欣賞歌舞已成為旅人的習慣,並稱邵族婦

〔註3〕藍蔭鼎,《教育所‧圖畫帖‧教師用(一)》,臺北:臺灣總督府警務局,1935年;藍蔭鼎,《教育所‧圖畫帖‧教師用(二)》,臺北:臺灣總督府警務局,1935年;藍蔭鼎,《教育所‧圖畫帖‧教師用(三)》,臺北:臺灣總督府警務局,1935年;藍蔭鼎,《教育所‧圖畫帖‧教師用(四)》,臺北:臺灣總督府警務局,1935年。

〔註4〕藍蔭鼎,《教育所‧略画帖》,臺北:臺灣總督府警務局,1936年。

〔註5〕臺灣總督府臨時臺灣舊慣調查會著、中央研究院民族學研究所編譯,《蕃族調查報告‧第六冊‧布農族‧前篇》,臺北:中央研究院民族學研究所,2008年,頁172。

〔註6〕林谷芳,《本土音樂的傳唱與欣賞》,臺北:國立傳統藝術中心籌備處,2000年,頁236。

〔註7〕田哲益,《臺灣原住民歌謠與舞蹈》,臺北:武陵出版有限公司,2002年,頁142。

女為「水社的演員」，她們除了杵搗外，還以不大的聲音哼著歌，且有時候也會和著杵聲，唱當時日本的流行俗曲。〔註8〕表示至少在此時，「杵歌」已逐漸成為表演，而非邵族傳統的音樂活動。

至昭和二年（1927年）日月潭經票選成為八景十二勝之一，「杵歌」的表演性質日漸濃厚，在昭和九年（1937年）的《臺灣鐵道旅行案內》中，甚至推出了可居住於涵碧樓，並乘坐獨木舟遊湖欣賞「杵歌」的套裝行程。〔註9〕

「蓬萊漆器」中以「杵歌」為母題的數量最多，但構圖類似，搭配「日月潭蕃歌」、「日月潭杵歌」等款文，大致可分為三種模式：

1. 典型模式：

以香蕉樹或椰子樹搭配三到五人的「杵歌」作為前景，部分增加蹲踞於地敲擊竹筒伴奏的人，中景為平穩的湖面，遠景為山景，有僅以一座山丘代表的，也有綿延的山脈及雲彩等表現形式，例如高雄市立歷史博物館藏的「彩繪磨顯杵歌紋圓形掛飾」（圖26、圖81）、及「雕刻彩繪臺灣風物紋小盤」（圖41、圖82）在器形「磨顯填漆」、「雕木彩漆」、及複合技法的瓶形器、掛飾、盤、盒等器形中均可見。

圖81.「彩繪磨顯杵歌紋圓形掛　圖82.「雕刻彩繪臺灣風物紋小盤」
　　　飾」

KH2001.033.007

圖源:《高雄市立歷史博物館典藏專輯·漆器篇》，頁169。

KH2000.004.014-2

圖源:《高雄市立歷史博物館典藏專輯·漆器篇》，頁58。

〔註8〕佐藤春夫著，邱若山譯，〈日月潭遊記〉，《殖民地之旅》，臺北：前衛出版社，2016年，頁82～87。

〔註9〕臺灣總督府交通局鐵道部，《〔昭和九年版〕臺灣鐵道旅行案內》，臺北：臺灣總督府交通局鐵道部，1934年，頁134。

2. 山水畫模式

在扇形或長方形的掛飾上，以南宋繪畫中常使用「一水兩岸」的構圖，描繪原住民祭儀的母題及屋舍，並搭配詩文及繪製朱色鈐印，使的整體畫面如文人畫一般，例如高雄市立歷史博物館藏的「黑漆鑲貝彩繪磨顯日月潭杵歌紋扇形掛飾」（圖 66、圖 83），在遠景的山脈前方有一些屋舍，透過蜿蜒的小徑到達前景的杵歌，中景同樣為平靜的湖水。此模式出現於「磨顯填漆」的方形掛飾、及複合技法的扇形掛飾中。

圖 83.「黑漆鑲貝彩繪磨顯日月潭杵歌紋扇形掛飾」

KH2000.004.019

圖源：《高雄市立歷史博物館典藏專輯·漆器篇》，頁 163。

3. 半抽象模式

將杵歌母題置於畫面正中央，以不符合比例的巨大熱帶水果作為背景的表現方式，強調熱帶水果及原住民祭儀樣貌等「南島」特徵，使畫面呈現半抽象的視覺效果。例如高雄市立歷史博物館藏的「雕刻彩繪填漆臺灣風物紋漆盤」（圖 38、圖 84），以熱帶的花、樹、水果等佈滿背景，杵歌的母題與上述兩個模式間並無差異，但搭配繁雜的背景，且背景所使用的顏色與主要紋飾相近，因此顯得較為雜亂。此模式出現於「雕木彩漆」的圓形盤、與複合技法的外方內圓盤中。

圖 84. 「雕刻彩繪填漆臺灣風物紋漆盤」

KH2001.030.013

圖源：《高雄市立歷史博物館典藏專輯‧漆器篇》，頁 69。

在母題方面，約三到五人拿著長短不一的杵，圍繞成一圈。人物的衣著為：頭戴頭巾、低馬尾，上衣長至腰部，下半身則為長至小腿肚的裙，服飾多條紋裝飾，並無明顯地呈現邵族的傳統服飾特色。

其他媒材中，以杵歌為主要母題的有戳章、膠彩畫及明信片三種。

在鹽月桃甫於昭和九年（1934 年）設計的「臺灣風景名勝紀念郵戳——魚池」中（圖 85），觀者為俯視角度看畫面，表演者六人圍成一圈，每人手中拿形狀不一的杵，杵的上緣超出畫面邊框，服飾並無明顯特徵，僅見長至膝的裙，背景為以弧線表示的湖水。

　　而「臺北尚美閣特產店」的店章（圖 86）構圖與「蓬萊漆器」類似，但在湖中增加了泛舟的母題，服飾方面，杵歌表演者斜披的蕃布具有泰雅族的特徵，而湖中泛舟人物頭上巨大的羽毛冠飾則較似阿美族的頭冠，在服裝的描繪上並不精準。

圖85. 臺灣風景名勝紀念郵戳——　圖86.「尚美閣特產店」店章（1935
　　　魚池　　　　　　　　　　　　　　　年）

鹽月桃甫設計　　　　　　　　　　　　圖源：《圖解臺灣製造：日治時期商品
圖源：《臺灣名所案內（郵便名勝スタ　　　　包裝設計》，頁 21。
ンプ付）》，頁 33。

　　陳進（1907～1998）的膠彩畫〈杵歌〉中（圖87），觀者以三十度俯視的角度觀看畫面，表演杵歌者以五人圍成一圈，每人手中拿長短不一的杵，右側有兩名蹲踞於地負責敲打竹筒的婦女，背景留白。服飾刻畫仔細，梳包頭，長至胸的短外罩，長至小腿肚的裙，臀部有橫條裝飾 ，不穿鞋。

　　明信片方面，拍攝角度多變，但構圖大致類似，例舉「臺灣的八景」明信片組中「日月潭蕃樂杵之音（臺灣八景之一）」（圖88），表演杵歌者七至八人聚集成一圈，其中有男有女，手中拿大小不同的杵，部分一旁有三人蹲坐，手中拿竹筒伴奏，背景為日月潭及遠處的山。服飾方面，頭部戴帽或不戴，上衣外罩有長至腰、也有長至臀，下半身則為長至小腿肚的裙或褲，上有條紋裝飾，不穿鞋，顏色以紅、藍或藍、綠為主。

圖87. 杵唄

陳進 1938 年繪，膠彩，第一回臺灣美術展覽會（府展），東洋畫
圖源：《臺灣美術全集·第二卷·陳進》，頁 222。

圖88. 日月潭蕃樂杵之音（臺灣八景之一）

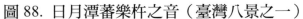

「臺灣的八景」明信片
圖源：《日治時期（1895～1945）繪葉書：臺灣風景明信片·全島
卷（上）》，頁 148。

上述作品中除魚池紀念郵戳較為特殊外，其餘雖有精粗但均為同一框架下的作品，可知「蓬萊漆器」中「典型模式」的「杵歌」母題構圖，及「臺北尚美閣特產店」的店章，應有很大的程度參考明信片等實景影像，以「杵歌」作為前景，中景為湖面，遠景為山景，不僅著重於臺灣原住民祭儀的樣貌，也將日月潭的風光一併呈現。而「幻境模式」則是更為強調「杵歌」母題，並將其與熱帶水果結合，營造出異於日本本島的「南島風情」。

（二）舞踊

「蓬萊漆器」中所表現的「舞踊」是典型的祭祀性圓圈式舞蹈，這樣的舞蹈為臺灣原住民傳統舞蹈的模式，包含賽夏族的矮靈祭、阿美族的豐年祭、布農族的打耳祭、以及鄒族的戰祭（Mayasvi）及小米收穫祭（Homeyaya）等。〔註10〕

以「舞踊」為主要母題的「蓬萊漆器」所搭配的款文為「蕃人舞踊」，例如高雄市立歷史博物館藏的「磨顯填漆原住民舞踊紋扇形掛飾」（圖65、圖89），構圖與「杵歌」的文人畫模式類似，以房屋作為遠景，最遠方的山脈前方帶出一些屋舍，透過蜿蜒的小徑到達前景的「舞踊」。「舞踊」的母題中，有八人男女交錯的手拉著手圍成一圈舞蹈，部分人物屈膝、部分人物直立，表現出舞蹈時的動態感。服飾方面，女性戴頭巾、梳長辮、裙長至膝、內著長褲，以橫條紋為飾、不穿鞋；男性同樣戴頭巾、著素色長袍，僅在上臂以橫條紋為飾、不穿鞋。僅見於器形複合技法的扇形掛飾中。

圖89. 「磨顯填漆原住民舞踊紋扇形掛飾」

KH2008.011.027
圖源：《高雄市立歷史博物館典藏專輯・漆器篇2》，頁161。

〔註10〕施翠峰，《臺灣原始藝術研究》，宜蘭：國立傳統藝術中心，2005年，頁251、254、258、261。

　　其他媒材中，繪畫及明信片也有以「舞踊」為母題的作品。例如在藍蔭鼎所編的《教育所・圖畫帖・教師用（三）》的〈舞蹈（ヲドリ）〉（圖 90），在指導要點中指出「要盡量的保留細節，展示整個身體的感覺」，[註11] 然而，這裡的保留細節指的是對「記憶畫（思想畫）」而言，而非寫生。在畫面中，十五人手拉手圍成一圈跳舞，所有人左腳微彎，表現出舞蹈時的動態感。服飾以直條紋或橫條紋裝飾，無法辨識男女，其中二人頭戴巨大羽毛冠，一旁有兩隻狗，無背景。

　　而在大正六年（1917 年）臺灣總督府發行的「第二十二回始政紀念繪葉書」中「蕃人的舞蹈」（圖 91），七名男性拉著間隔一人的手舞蹈，並未圍成一圈。服飾方面，頭戴羽毛冠或頭巾，裸上身，下半身著各色的褲子、綁腿、不穿鞋，遠景為高山。

圖90. 舞蹈（ヲドリ）

藍蔭鼎繪

圖源：《教育所・圖画帖・教師用（三）》，第 2 圖。

〔註11〕藍蔭鼎，〈ヲドリ（思想畫）〉，《教育所・圖画帖・教師用（三）》，第 2 課。

圖 91. 蕃人的舞蹈（1917 年）

臺灣總督府發行，「第二十二回始政紀念繪葉書」，明信片
圖源：《日治時期（1895～1945）繪葉書：臺灣風景明信片‧全島卷（下）》，頁
21。

　　「舞踊」母題在各個媒材中的表現方式不一，但均呈現祭祀性圓圈式舞蹈的特點，畫面具有動態感，然而無論是由人物的服裝或背景，均難以判斷所描繪原住民的族屬。在表現形式方面，因為「蓬萊漆器」以平視的角度描繪，且人物所圍成的圈較為緊密，而《教育所‧圖畫帖》以四十五度角俯視的角度描繪，人物所圍成的圈較大，「第二十二回始政紀念繪葉書」中人物並未圍成圈，且交錯拉手的方式也與「蓬萊漆器」中描繪不同，所以以「蓬萊漆器」中的「舞踊」母題並無明顯的參照樣本。

二、日常生活

（一）漁舟

　　「蓬萊漆器」中的「漁舟」母題可分為日月潭邵族、與蘭嶼達悟族兩種。日月潭邵族所使用的船為獨木舟，在《東征集》中記載：「蟒甲，番舟

名,刳獨木為之;劃雙槳以濟。大者可容十餘人,小者三、五人。」〔註12〕
這種獨木舟是邵族主要的交通工具,搭配的款文有「蕃人湖畔」,在「磨顯
填漆」的圓盤、方盤、「雕木彩漆」的圓形掛飾、及複合技法的外方內圓盤
可見。

　　例如賴高山藝術紀念館藏的「八雲塗漆盤」(圖72、圖92),及高雄市立
歷史博物館藏的「黃漆彩繪原住民生活圖紋小方盤」(圖29、圖93),兩者均
只有前、後二景,前景陸地上種植的樹木與整體構圖方向垂直,後景為右上
向左下傾斜的河流,河中有一至兩名於獨木舟上划船的原住民人物,水面的
波紋刻畫得較為明顯,搭配上述的斜角構圖使畫面整體的動態感鮮明。衣著
的描繪方式與「杵歌」母題相同,頭戴頭巾、低馬尾,上衣長至腰部,下半
身則為裙,服飾多條紋裝飾。

圖 92.「漁舟」母題線繪圖	圖 93.「黃漆彩繪原住民生活圖紋小方盤」

賴高山藝術紀念館藏,八雲塗漆盤
(筆者繪於 2017 年 7 月 12 日)

KH2001.028.004-3
圖源:《高雄市立歷史博物館典藏專輯‧漆器篇》,頁 60-3。

　　在視覺藝術中的明潭邵族「漁舟」母題僅有明信片,以下例舉兩例:約
1930 年代臺北「生番屋商店」發行的「臺灣日月潭的獨木舟」明信片(圖94),
有船身面對觀者,船上乘兩人;以及約 1920 年代發行的「日月潭獨木舟及頭
目一家人」明信片(圖95),船頭面對觀者,船上乘坐四人,兩者皆呈現平靜
的湖面,且畫面較不具動態感。

〔註12〕 〔清〕藍鼎元,《東征集》,臺北:臺灣銀行,1958 年,頁 86。

圖 94. 臺灣日月潭的獨木舟

約 1930 年代臺北「生番屋商店」發行，明信片
圖源：《世紀容顏：百年前的臺灣原住民圖像（上）》，頁 126。

圖 95. 日月潭獨木舟及頭目一家人

約 1920 年代發行，明信片
圖源：《世紀容顏：百年前的臺灣原住民圖像（上）》，頁 132。

　　蘭嶼達悟族漁舟所使用的船為拼板船，有龍骨，船身由多塊木板組合而成，〔註13〕船身狹長、兩頭翹起，有雕刻的船稱為 ipanitika，沒有雕刻的船稱為 ipiroaun。〔註14〕

　　「蓬萊漆器」中以達悟族為主的「漁舟」母題僅出現於「雕木彩漆」的外方內圓盤，搭配的款文為「臺灣風俗」。例如高雄市立歷史博物館藏的「雕刻彩繪獨木舟紋盤」（圖43、圖96），描繪一穿紅色丁字褲的男子，背對觀者，立於船旁，船有四個座位及橘色的帆，上紅下黑，為沒有雕刻的 ipiroaun，中景水面平穩，遠景有枯木，畫面動態感低。

圖 96. 「雕刻彩繪獨木舟紋盤」

KH2000.004.010
圖源：《高雄市立歷史博物館典藏專輯・漆器篇》，頁 77。

〔註13〕陳宗仁，《世紀容顏：百年前的臺灣原住民圖像（上）》，頁 121。
〔註14〕劉其偉，《臺灣原住民文化藝術》，臺北：雄獅圖書股份有限公司，1995 年，頁 280。

圖 97. 臺灣達悟族的船　　圖 98. 總督府發行「始政二十二
　　　　　　　　　　　　　　　　　週年紀念」戳章（1917 年）

約 1920 年代臺北「生番屋商店」發行，　圖源：〈日據時期臺灣視覺藝術中的
明信片　　　　　　　　　　　　　　　原住民圖像〉，頁 121。

圖源：《世紀容顏：百年前的臺灣原住
民圖像（上）》，頁 122。

　　在視覺藝術中以蘭嶼達悟族漁舟為母題的有明信片及戳章。例如約 1920
年代臺北「生番屋商店」發行的「臺灣達悟族的船」（圖 97），船身面向觀者，
畫面中 ipanitika 與 ipiroaun 均有，船帶有橘色的帆，人們正作出航的準備。

　　而 1917 年總督府發行的「始政二十二週年紀念」戳章（圖 98），獨木舟
中有兩人，人物僅有輪廓，面向右側划槳，身體向後傾，成施力貌，舟上以
菱形紋為飾，海浪及樹木以幾何的方式表現，畫面整體較為抽象。

　　由上述分析可知，「蓬萊漆器」中邵族漁舟的動態感強，達悟族漁舟及明
信片中的漁舟較為靜態，「蓬萊漆器」在構圖方面並未模仿明信片。而在「蓬
萊漆器」中的達悟族漁舟的細節描繪上，無論是船形、配件、服飾均較邵族
漁舟更勝一籌。

（二）椿米

　　「椿米」題材與「杵歌」類似，但少了「杵歌」的表演性質，為各族群
日常生活的一部分，與祭儀的「杵歌」有象徵涵意上的差別，因此表現此母
題的數量較少。

　　在「蓬萊漆器」中，畫面前景為「椿米」的母題，次要母題為香蕉樹或
樹叢，搭配的款文為「蕃人椿米」，出現於「磨顯填漆」的方盤、及「雕木彩
漆」的方盤，例如高雄市立歷史博物館藏的「黃漆彩繪原住民生活圖紋小方
盤」（圖 29、圖 99）與「雕刻彩繪臺灣風物紋小盤」（圖 41、圖 100）。

　　「椿米」母題與「杵歌」最大的不同在於「杵歌」為敲擊地上的石板，椿米為捶打臼中的小米，「杵歌」多為三人以上，「椿米」多為一至二人，衣著的描繪方式與「杵歌」母題相同，頭戴頭巾、低馬尾，長至腰部的上衣，下半身則為長至小腿肚的裙，服飾多條紋裝飾，未穿鞋，並無表示特定族屬。

圖 99.「黃漆彩繪原住民生活圖紋小方盤」

KH2001.028.004-4

圖源：《高雄市立歷史博物館典藏專輯·漆器篇》，頁 60-4。

圖 100.「椿米」母題細節

高雄市立歷史博物館藏，雕刻彩繪臺灣風物紋小盤
KH2000.004.014-1（筆者攝於 2017 年 7 月 19 日）

其他以「椿米」為主要母題的有岡田紅陽攝影、臺灣國立公園協會花蓮港支部發行「國公園大太魯閣的偉觀」明信片組中的「太魯閣搗栗的蕃女」明信片（圖101）、與《教育所‧圖畫帖‧教師用（四）》中的〈餅搗〉（圖102）。雖然兩者媒材不同，但構圖的差異並不大，一至三人圍繞著臼，手中的杵一高一低，輪流捶打，一旁放置待搗的穀物，部分背景為家屋及雞隻，人物頭部帶有頭巾、上衣下裙、部分裙有橫條紋裝飾、不穿鞋。

圖 101. 太魯閣搗栗的蕃女

岡田紅陽攝影，臺灣國立公園協會花蓮港支部發行，「國立公園大太魯閣的偉觀」明信片

圖源：《日治時期（1895～1945）繪葉書：臺灣風景明信片‧花蓮港廳、臺東廳卷》，頁 102。

圖 102. 餅搗

藍蔭鼎繪
圖源：《教育所‧圖画帖‧教師用（四）》，第18圖。

　　在《教育所‧圖畫帖‧教師用（四）》中指出，繪畫「搗餅」所須注意的
事項有「任意塗上喜歡的顏色」、「除了搗餅以外的人，還可以畫雞、狗、器
物等簡單的背景」、「盡量將畫面畫的大一點」。〔註15〕這些特點，除背景畫雞、
狗、器物外，也適用於「蓬萊漆器」。

（三）織布

　　「織布」母題中，由婦女腳部所支撐的梯形經卷箱可判斷，畫面中所表
現的應為原住民婦女使用「水平式背帶腰織機（horizontal back-strap loom）」
織布的樣貌，而原住民中盛行織布的族屬有泰雅族、賽夏族、阿美族、及排
灣族等，但日治時期時阿美族的織布技術因貿易的緣故幾乎失傳，〔註16〕而

〔註15〕藍蔭鼎，〈餅搗（思想畫）〉，《教育所‧圖画帖‧教師用（四）》，第18圖。
〔註16〕臺灣總督府臨時臺灣舊慣調查會，《蕃族調查報告書‧第一冊‧大么族‧前篇》，
　　　　臺北：南天書局，1983年，頁168。

排灣族相較於織布，更加強調刺繡、貼飾、及綴珠，〔註17〕且在日治時期所
發行的繪葉書中，較常見泰雅族婦女織布的題材，因此判定「蓬萊漆器」中
所出現的「織布」母題為表現泰雅族婦女織布的場景，時常搭配此母題的款
文為「蕃女機織」，僅見於「磨顯填漆」的矮胖瓶及方盤中。

　　「蓬萊漆器」中的「織布」母題以高雄市立歷史博物館藏的「醬色彩繪
磨顯原住民織布紋小瓶」（圖 18、圖 103）、及「黃漆彩繪原住民生活圖紋小
方盤」（圖 29、圖 104）為例，地墊上一名婦女面向側面，雙腿打直，頂住織
布機，婦女雙手拉線、上身微傾。衣著的描繪方式與「杵歌」母題中邵族的
服飾相同，頭戴頭巾、低馬尾，上衣長至腰部，手臂處有條紋裝飾，下半身
則為長至小腿肚的裙，以條紋裝飾分隔四個區域，中間以波浪紋或圓點裝飾，
不穿鞋。

圖 103.　「織布」母題細節

高雄市立歷史博物館藏，醬色彩繪磨顯原住民織布紋小瓶（筆者攝於 2017 年 7
月 19 日）

〔註17〕劉其偉，《臺灣原住民文化藝術》，頁 127。

圖 104. 「黃漆彩繪原住民生活圖紋小方盤」

KH2001.028.004-2

圖源:《高雄市立歷史博物館典藏專輯‧漆器篇》,頁 60-2。

　　在日治時期其他以「織布」為母題的作品有《教育所‧圖畫帖‧教師用 (四)》、及明信片。《教育所‧圖畫帖‧教師用 (四)》的〈機織 (思想畫)〉(圖 105)中提出在畫此母題時,「使色彩美麗而強力的被表現」,且「注意不要太強調背景」,﹝註18﹞藍蔭鼎在繪畫範例圖時也是遵照此原則,地墊上的婦女雙腿打直頂住織布機,雙手拉線。衣著的部分,頭戴黃色頭巾、低馬尾,身穿紅色與黃色的上衣,手臂處有條紋裝飾,下半身為藍色及黑色裙子,沒有穿鞋。

　　1930 年代「大正寫真工藝所」發行的「編織衣服 (晴衣を織る)」明信片 (圖 106)中,兩名婦女相對坐於地墊上紡織,雙腿打直,頂住織布機,雙手拉線、上身挺直。婦女戴頭巾,著對襟長至腰的上衣,裙長至踝,上有橫條紋裝飾。

﹝註18﹞藍蔭鼎,〈機織 (思想畫)〉,《教育所‧圖画帖‧教師用 (四)》,第 7 課。

圖 105. 機織

藍蔭鼎繪

圖源：《教育所‧圖画帖‧教師用（四）》，第 7 圖。

圖 106. 編織衣服（晴衣を織る）

大正寫真工藝所 1930 年代發行，明信片

圖源：《世紀容顏：百年前的臺灣原住民圖像（下）》，頁 112。

由上述的分析可見，《教育所・圖畫帖・教師用》中所強調的重視色彩、及不強調背景的重點，在「蓬萊漆器」中也是如此，兩者所強調的均為織布的動作，對於人物服裝、動作及背景的細節則較不重視，僅以大致的色塊表現，但形態的描繪傳神，使觀者可明確的辨識出母題。

（四）吹奏口簧琴

在「蓬萊漆器」中，描繪原住民演奏樂器的母題僅有「吹奏口簧琴」一種，這類樂器分佈的區域很廣，除泰雅族使用多簧片口簧琴外，其他族群多使用單簧片口簧琴，〔註19〕但在畫面中難以區別所描繪的族屬為何，搭配的款文為「蕃女娛樂」，僅見於「磨顯填漆」的方盤、複合技法的細長瓶及矮胖瓶中。

以「吹奏口簧琴」為母題的「蓬萊漆器」以賴高山藝術紀念館藏的「黑漆鑲貝彩繪磨顯杵歌、吹笛紋瓶」（圖56、圖107）、與高雄市立歷史博物館藏「黃漆彩繪原住民生活圖紋小方盤」（圖29、圖 108）為例。在構圖方面同樣以香蕉或椰子樹為界，中央搭配吹奏口簧琴的原住民人物，後方或留白，或以欄杆與蜿蜒的小路延伸觀者的視野由右下向左上延伸，遠景搭配一些灌木，其餘留白。吹奏口簧琴的婦女雙手平舉口簧琴吹奏，右手拉弦的動態感並未明顯的表現。服飾方面的描繪方式與「杵歌」

圖 107. 吹奏樂器母題細節

賴高山藝術紀念館藏，黑漆鑲貝彩繪磨顯杵歌、吹笛紋瓶（筆者攝於 2016 年 10 月 15 日）

母題中邵族類似，頭戴頭巾、低馬尾，上衣有深色內襯與長至腰部的外罩，腕處及前襟有條紋裝飾，下半身則為長至小腿肚的裙，以多色密集條紋裝飾，不穿鞋。

〔註19〕施翠峰，《臺灣原始藝術研究》，頁 234。

圖 108. 「黃漆彩繪原住民生活圖紋小方盤」

KH2001.028.004-1
圖源：《高雄市立歷史博物館典藏專輯‧漆器篇》，頁 60-1。

在日治時期其他以「吹奏口簧琴」為母題的作品有明信片、郵戳、《教育所‧略畫帖》、及油畫，在這些作品中所描繪吹奏口簧琴的人物，除霧社的郵戳為布農族外，均為泰雅族的婦女。

1930 年代發行「桃花中演奏口琴的美人（桃花に美人（トボ）口琴と奏る）」明信片（圖 109），泰雅族婦女在桃花林中吹奏口簧琴，左手持平持琴、右手使力拉弦。

鹽月桃甫 1931 年第四回臺灣美術展覽會繪〈馬西多巴翁社的少女（マシトバオンの娘ら）〉、1936 年第十回臺灣美術展覽會繪〈虹霓〉、〈泰雅少女吹口簧琴〉等多幅以吹奏口簧琴為題材的畫作。其中〈虹霓〉（圖 110）以濃黑的輪廓線及厚重的色彩描繪三名盛裝的南澳泰雅族婦女，其中兩名婦女左手持琴、右手使力拉弦，背景有飛舞的蝴蝶及彩虹，展現出如同鏡頭所捕捉的瞬間，具有動態感。而鹽月桃甫於昭和九年（1934 年）設計的「臺灣風景名勝紀念郵戳──霧社」（圖 111），為在有限的範圍內展現霧社地區的特色，特別重視背景山巒、櫻花的描繪，前景吹奏口簧琴的原住民在姿態及服飾上也較為考究，人物著橫條紋披肩，斜披於前，從左肩斜掛至右腋下，為泰雅族外出或天冷時的穿著，具布農族特色。

　　藍蔭鼎為美術教育而著的《教育所・略畫帖》中〈口琴（ロボ）〉（圖112），
吹口簧琴的婦女雙手平舉持琴，並未表現出右手拉動弦、左手持琴吹奏的動
態感，但在服飾的部分及腰的外罩、綁腿均確實地掌握，這樣失去動態感的
作品在《教育所・略畫帖》中視較為少見的。

**圖 109. 桃花中演奏口琴的美人（桃花に美人（トボ）口
　　　　琴と奏る）**

1930 年代發行，明信片
圖源：《世紀容顏：百年前的臺灣原住民圖像（下）》，頁 72。

圖 110. 虹霓

鹽月桃甫 1937 年繪，油畫

圖源：《日治時期台灣美術的「地域色彩」》，頁 105。

圖 111. 臺灣風景名勝紀念郵戳──霧社

鹽月桃甫設計

圖源：《臺灣名所案內（郵便名勝スタンプ付）》，頁 31。

圖 112. 口琴（ロボ）

藍蔭鼎繪

圖源：《教育所・略畫帖》，第 52 圖。

「蓬萊漆器」中所描繪吹奏口簧琴的婦女多為雙手持平，動態感較其他媒材的作品差，推測製作者並未觀賞過原住民演奏口簧琴，而是依靠照片或其他媒材作畫。

（五）頂壺

「頂壺」為阿美族的文化，阿美族的婦女以陶壺運水回部落，為方便頭頂陶壺搬運，陶壺底部有延凹處理，並配合放置於頭頂的布墊圈墊底，使水壺在頭頂上有更高的穩定度。陶壺稱為「atomo」，多為紅褐色、撇口細頸、鼓腹、凹底，兩側有耳。〔註20〕

〔註20〕胡家瑜、崔伊蘭，《臺大人類學系伊能藏品研究》，臺北：國立臺灣大學出版中心，1998 年，頁 108。

　　「蓬萊漆器」以「頂壺」為母題的作品僅出現於「磨顯填漆」的矮胖瓶中，以高雄市立歷史博物館藏的「彩繪填漆原住民山居紋小瓶」（圖19、圖113）為例，畫面中央為頭頂重物的原住民與獵犬，左右的山脈向後方中央延伸而去，在山脈中依稀可見一些房子或聚落，使觀者的目光深入景深之中。站立的婦女單手扶著頭頂上的壺，一旁有隻狗跟隨，壺的形制符合「atomo」的特徵。婦女的服飾為頭上有頂壺墊圈，以支撐壺，著綠色右襟五分袖上衣，下半身穿紅色橫條紋過膝裙，內搭綠色橫條紋褲，不穿鞋。

圖113. 「彩繪填漆原住民山居紋小瓶」

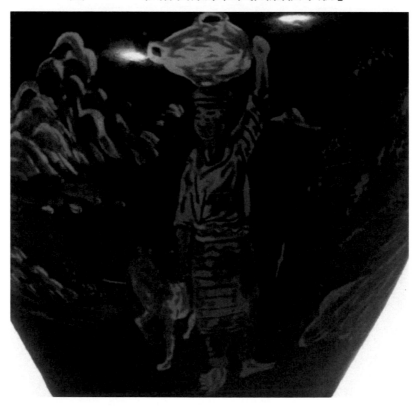

KH2008.011.021

圖源：《高雄市立歷史博物館典藏專輯·漆器篇2》，頁155。

　　其他以「頂壺」為主要母題的有繪畫及明信片。在秋山春水（あきやま　はるみ，生卒年不詳）於1934年第八回臺灣美術展覽會中繪的〈谿間之春〉（圖114），畫面中央為一名婦女站立於樹林中，頭頂一壺，以左手扶著、右手提兩小壺，壺身較小，分為上下兩截，沒有把手，與「atomo」的特徵並不相符。

婦女身穿右衽長袍，內著褲，光腳，並非傳統阿美族服飾，這幅畫可以說是
基於想像的畫作。

　　「生番屋本店」發行的明信片「汲水的阿美族婦女（臺灣）」（圖 115），
為 1914 年森丑之助（もり　うしのすけ，1877～1926）拍攝的，[註21] 三名
婦女立於道路上，右邊的婦女著漢人樣式的長袍，左側兩人則穿阿美族傳統
的服飾。

圖 114. 谿間之春

秋山春水 1934 年繪，膠彩，第八回臺灣美術展覽
會，東洋畫
圖源：《第八回臺灣美術展覽會圖錄》，1934 年，
頁 46。

〔註21〕陳宗仁，《世紀容顏：百年前的臺灣原住民圖像（下）》，頁 48。

圖 115. 汲水的阿美族婦女（臺灣）

1920 年代臺北「生番屋本店」發行，明信片
圖源：《世紀容顏：百年前的臺灣原住民圖像（下）》，頁 48。

「蓬萊漆器」中以「頂壺」為母題的作品，除服飾部分稍有偏差，壺的
形制與婦人頂壺的姿勢皆與明信片類似，寫實程度較〈谿間之春〉高。

三、幾何紋

「幾何」母題與「祭儀」、「日常生活」母題的差異較大，並非描繪特定
場景，而是直接移植排灣族木雕中常使用的圖像，轉化而來。在「蓬萊漆器」
中可見的類型包含：人紋、動物紋、及作為邊飾帶的各類幾何紋飾。

1、人紋

又可分為頭像、人像、及肢體相連人像三種：

（1）頭像：

排灣族木雕中的頭像紋飾時常出現於排灣族的家屋的簷桁、橫桁上，為
式樣化（conventionalized）的紋樣，以排灣族泰武來義式的簷桁雕刻（圖 116）
為例，人頭多為扁圓形，長額、短鼻，額上以三角或菱形縱紋裝飾。〔註 22〕

〔註 22〕陳奇祿，《臺灣排灣羣諸族木雕標本圖錄》，臺北：南天書局有限公司，1996
年，頁 34。

但在「蓬萊漆器」為強調意象的表現方式，五官的比例並不精準，僅出現於「雕木彩漆」的方盤中。以高雄市立歷史博物館藏的「朱漆雕刻罩明原住民人形紋小碟」為例（圖117），除頭像本身，還增加了冠飾及耳朵。

圖 116. 排灣族簷桁、橫桁及檻楣雕刻諸形式——泰武來義式

圖源：《臺灣排灣羣諸族木雕標本圖錄》，頁 35，插圖 22-A。

圖 117. 「朱漆雕刻罩明原住民人形紋小碟」

KH2005.017.006

圖源：《高雄市立歷史博物館典藏專輯・漆器篇》，頁 124。

（2）人像：

原住民藝術中常見的人像有排灣族及達悟族兩類。排灣族、太平洋區、及中國古代常見的「蛙形人像」，以平面的處理手法表現人像，此類紋飾時常出現於排灣族的家屋雕刻、刀鞘、盾牌、及織品中。以排灣族立柱雕刻為例（圖 118），人物雙手上舉齊肩，身體細小但臀部寬大，雙足直立或略彎，足趾向外，性徵雕刻明顯，部分頭上及雙足飾有百步蛇紋。〔註23〕

但在「蓬萊漆器」的表現中僅為意象，並非完全模仿，並不特別強調性徵，且人像五官及身材比例較為隨意，部分作品會結合獨木舟等次要母題，出現於「磨顯填漆」的圓盤、及「鑲嵌」的矮胖瓶中，例如高雄市立歷史博物館藏「朱地雕刻原住民圖紋圓盤」（圖 39、圖 119）、及黑漆鑲貝原住民圖紋瓶」（圖 53、圖 120）。

圖 118. 排灣族立柱雕刻諸形式

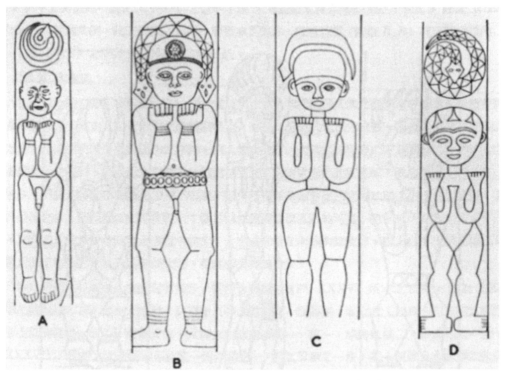

圖源：《臺灣排灣羣諸族木雕標本圖錄》，頁 23，插圖 15。

〔註23〕陳奇祿，《臺灣排灣羣諸族木雕標本圖錄》，頁 22～23、173。

圖 119. 「朱地雕刻原住民圖紋圓盤」

KH2003.012.006
圖源:《高雄市立歷史博物
館典藏專輯・漆器篇》,頁
109。

圖 120. 「黑漆鑲貝原住民圖紋瓶」

KH2001.028.003
圖源:《高雄市立歷史博物
館典藏專輯・漆器篇 2》,
頁 108。

　　達悟族的人像稱為「daudauawu」，〔註24〕為「蛙形人像」的一種，〔註25〕以平面的處理手法表現人像，人物雙手彎曲上舉，身體成倒三角形，雙足彎曲交叉，頭部及雙手延伸出螺旋紋，此類紋飾時常出現於達悟族的漁船雕刻上（圖121）。

　　然而，在「蓬萊漆器」的舟形器中卻多搭配排灣族的「肢體相連人像」，達悟族的「daudauawu」僅出現於複合技法的方盤中，如高雄市立歷史博物館藏「木雕木漆原住民圖紋長方盤」（圖 69、圖 122），人物雙手彎曲上舉延伸出螺旋紋，身體成倒三角形，雙足交錯與盤沿所飾的曲折紋相連。

圖121. 達悟族漁船上所裝飾的人紋

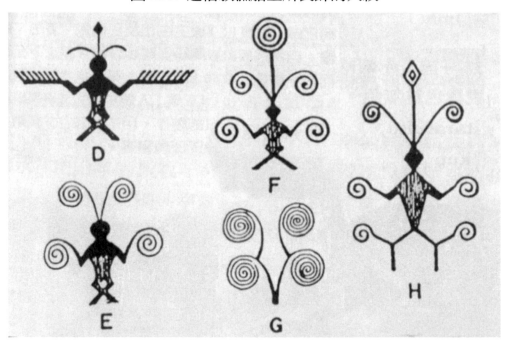

圖源：《臺灣原住民文化藝術》，頁 295。

〔註24〕施翠峰，《臺灣原始藝術研究》，頁 276。
〔註25〕陳奇祿，《臺灣排灣羣諸族木雕標本圖錄》，頁 173。

圖 122. 「木雕木漆原住民圖紋長方盤」

KH2000.033.016
圖源：《高雄市立歷史博物館典藏專輯・漆器篇 2》，頁 93。

（3）肢體相連人像：

　　類似排灣族、太平洋區常見的「肢體相連人像」，為多組並列的正反相向半身像所形成的裝飾紋樣，此類紋飾時常出現於排灣族的占卜道具箱上（圖123）。〔註26〕

　　但「蓬萊漆器」中，「肢體相連人像」並非為單獨的母題，而是以裝飾帶的方式呈現，以開光與其他母題區分，出現於「雕木彩漆」的方盤及舟形器中，例如高雄市立歷史博物館藏「木雕彩繪原住民圖紋獨木舟形漆花器」（圖124）、及「木雕木漆原住民圖紋長方盤」（圖42、圖125），「肢體相連人像」位於中央，周邊飾以三角幾何邊飾。「肢體相連人像」多人張手並列、膝蓋彎曲、腳趾向外與相鄰兩人相連，較排灣族的雕刻更為式樣化，僅保留肢體相連的特徵，人物五官及肢體均被簡化。

〔註26〕陳奇祿，《臺灣排灣羣諸族木雕標本圖錄》，頁 141、176。

圖 123. 排灣族占卜道具箱

圖源：《臺灣排灣羣諸族木雕標本圖錄》，頁 138，插圖 95-A、B。

圖 124. 「木雕彩繪原住民圖紋獨木舟形漆花器」

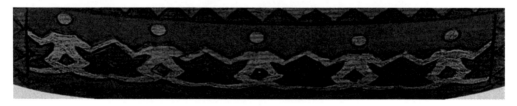

KH2001.032.003
圖源：《高雄市立歷史博物館典藏專輯・漆器篇》，頁 178。

圖 125. 「木雕木漆原住民圖紋長方盤」

KH2008.011.029
圖源：《高雄市立歷史博物館典藏專輯・漆器篇 2》，頁 163。

2. 動物紋

在排灣族的木雕中，多為在平面上將立體型態表現出來的作品，因此大多只有長度及闊度，而缺乏厚度，這樣平面的處理手法，具有裝飾性的特徵，且大多的木雕作品有將雕刻面以人頭紋、蛇紋、動物紋、或其他幾何紋填滿的傾向，且為方便紋樣的安排，會將幾個單位的紋樣連結，成為複合紋樣，〔註27〕這類形的紋樣一般以較為抽象且對稱的方式表現（圖126），但豬紋則較為少見且相對寫實，例如霧臺大南式之太麻里村的檻楣（圖127）。

但在「蓬萊漆器」中，動物紋多為獨立的母題，且無論鹿紋或豬紋，均以抽象的方式表現，除了表現出動物特徵外，身體內部以幾何形狀加以裝飾，出現於「雕木彩漆」的舟形器及櫃中，例如高雄市立歷史博物館藏「木雕彩繪原住民圖紋菸具組」（圖44、圖128）、及「木雕彩繪原住民圖紋手提式漆煙具組」（圖52、圖129）。

圖126. 排灣羣諸族木雕鹿文複合紋

圖源：《臺灣排灣羣諸族木雕標本圖錄》，頁162，插圖109-P。

圖127. 排灣族簷桁、橫梁及檻楣雕刻諸型式──霧臺大南式之太麻里村檻楣

圖源：《臺灣排灣羣諸族木雕標本圖錄》，頁41，插圖26。

〔註27〕陳奇祿，《臺灣排灣羣諸族木雕標本圖錄》，頁164。

圖 128. 舟形盒蓋上之鹿紋飾細節

木雕彩繪原住民圖紋菸具組 KH2005.017.001，圖源：《高雄市立歷史博物館典藏專輯・漆器篇 2》，頁 11。

圖 129. 抽屜處山豬紋飾細節

木雕彩繪原住民圖紋手提式漆煙具組 KH2005.017.007，圖源：《高雄市立歷史博物館典藏專輯・漆器篇 2》，頁 125。

3. 其他做為邊飾帶的幾何紋

排灣族木雕中，帶狀或團狀的幾何圖案由蛇紋變化而來，包含帶狀的曲折紋、鋸齒紋、影線三角連續紋、菱形連續紋、竹節紋、連杯形紋、梳形連續紋、梳形連杯形紋複合紋、半同心圓連續紋、金錢連續紋等，以及團狀的 S 形紋、螺旋紋、同心重圓紋、太陽紋、花形紋等（圖 130）。

　　類似太陽紋的紋樣，在達悟族的雕刻中也有出現，使用於漁船的頭尾兩側，稱為「船眼（mata no tatara）」，在同心圓之間，畫有放射狀的尖角，因此也有「太陽紋」一說，是將船體擬人化的一種表現（圖131）。〔註28〕

　　在「蓬萊漆器」中，常以類似排灣族蛇紋變化紋的鋸齒紋、影線三角連續紋作為區隔畫面的裝飾帶，例如高雄市立歷史博物館藏「木雕彩繪原住民圖紋手提式漆煙具組」（圖52、圖132）、及「木雕彩繪原住民圖紋菸具組」（圖44、圖133），而類似太陽紋的輪形紋樣多裝飾於舟形器的頭尾兩側，表現形式與達悟族的「船眼」較為類似，這類的幾何紋出現於「雕木彩漆」的方盤、舟形器、及「鑲嵌」的矮胖瓶中。

圖130. 排灣羣諸族蛇紋變化紋

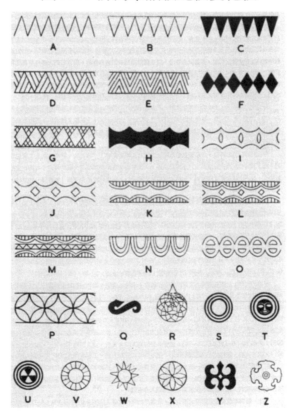

圖源：《臺灣排灣羣諸族木雕標本圖錄》，頁163，插圖110。

〔註28〕施翠峰，《臺灣原始藝術研究》，頁276。

圖 131. 達悟族漁船上的「船眼」

圖源:《臺灣原住民文化藝術》,頁 295。

圖 132. 側面上部幾何紋裝飾細節

木雕彩繪原住民圖紋手提式漆煙具組
KH2005.017.007,圖源:《高雄市立歷史博物
館典藏專輯・漆器篇 2》,頁 125。

圖 133. 舟形盒蓋上之鹿紋飾細節

木雕彩繪原住民圖紋菸具組 KH2005.017.001
圖源:《高雄市立歷史博物館典藏專輯・・
漆器篇 2》,頁 11。

　　幾何紋的裝飾性較高，因此較少單獨出現在其他媒材中，以幾何紋為主要表現母題的有《教育所‧圖畫帖‧教師用》、及《生番傳說集》的封面設計。在《教育所‧圖畫帖‧教師用（二）》的〈模樣（圖案）〉中指出幾點繪畫幾何紋飾時需要注意的事項，如：

1. 在織物的刺繡，及雕刻的紋樣等中尋找有關模型的想法。
2. 適當安排每個單位的排列，畫上淡淡的輪廓，排好位置和形狀後，搭配喜歡的顏色作畫。
3. 單純的形狀與顏色可以有力的展現圖案的美及品味。
4. 紋樣的輪廓線及分割線等，必要的時候要用尺畫。〔註29〕

　　從這些要點中可看出，日本人所認知的「幾何紋」是由織品及雕刻中而來，且重視具有稜角的形體及色彩，這些特徵在《教育所‧圖畫帖‧教師用》的例圖、《生番傳說集》的封面設計，以及「蓬萊漆器」中都可見。

　　作為邊飾帶的幾何紋並非完全的模仿原住民的紋飾，在人像方面，採用平面性的表現手法，但無論是面部或身體的比例，均與排灣族的雕刻有些微的出入，例如《教育所‧圖畫帖‧教師用（二）》的〈模樣（圖案）〉（圖134）。而「肢體相連人像」多人張手並列、腳趾向外，較排灣族的雕刻更為式樣化，例如《教育所‧圖畫帖‧教師用（二）》的〈模樣（圖案）〉（圖135）。鹿紋同樣被簡化，但輪廓較為柔和，少有稜角，且不同於排灣族如同剪紙般兩兩相對的排列方式，在《教育所‧圖畫帖‧教師用（四）》的〈模樣（圖案）〉（圖136）中，鹿與鹿之間頭尾相連，形成飾帶。

　　而鹽月桃甫為《生番傳說集》所設計的封面（圖137）融合了多種元素，包含人像、頭像、鹿紋、及蛇紋。在這間作品中，所有的紋飾幾乎都沒有稜角，顏色也只使用鮮明的紅、黑兩色，畫面左右對稱，與藍蔭鼎注重稜角、色彩豐富的作品形成不同的視覺效果。

〔註29〕藍蔭鼎，〈モヤウ（圖案）〉，《教育所‧圖画帖‧教師用（二）》，第10圖；藍蔭鼎，〈模樣（圖案）〉，《教育所‧圖画帖‧教師用（四）》，第16圖。

圖 134. 模樣（圖案）

藍蔭鼎繪
圖源：《教育所・圖画帖・教師用（二）》，第 10 圖。

圖 135. 模樣（圖案）

藍蔭鼎繪
圖源：《教育所・圖画帖・教師用（二）》，第 10 圖。

圖 136. 模樣（圖案）

藍蔭鼎繪

圖源：《教育所・圖画帖・教師用（四）》，第 16 圖。

圖 137. 排灣圖騰

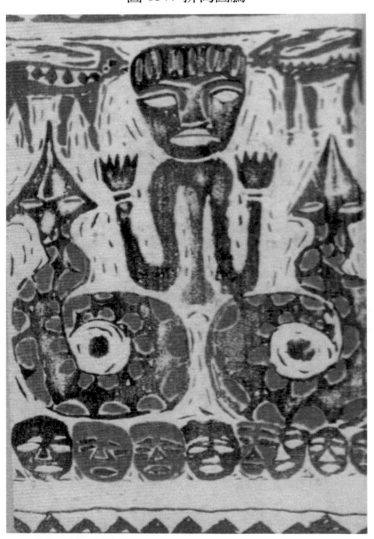

鹽月桃甫繪於 1923 年，《生番傳說集》封面設計

圖源：《南國・虹霓・鹽月桃甫》，頁 36。

由上述的梳理可發現，在「蓬萊漆器」及各類視覺藝術的作品中，幾何紋的母題來源大多來自排灣族的木雕，及達悟族的漁船雕飾。然而，在「蓬萊漆器」中，器形與母題的搭配並無直接關聯，在外形類似達悟族漁船的器形中，船身的裝飾卻為排灣族的紋飾，顯示出「蓬萊漆器」的製作者對於臺灣原住民的認識是較為概略性的，忽略不同族屬的藝術特性，僅需表現出臺灣南島不同於日本本島的「地方色彩」特性即可。

四、小結

在母題方面，「蓬萊漆器」的母題多元，包含描繪祭典儀式場景的「祭儀」、描繪日常生活樣貌的「日常生活」、及模仿原住民木雕用器紋飾的「幾何紋」三大類，所描繪的原住民包含邵族、布農族、阿美族、及達悟族，但「蓬萊漆器」中並不特別強調特定族群的服飾特徵，因此需對母題有一定程度的瞭解，才能推測畫面中所呈現的族群為何，例如「蓬萊漆器」中所描繪的邵族杵歌，達悟族獨木舟，以及泰雅族與阿美族的日常生活等不同族屬特有的母題，對於人物的刻畫卻幾乎相同，僅強調其多色、條紋等近乎刻板印象的特徵。

在構圖方面，「蓬萊漆器」的表現手法上較為制式化，常以前景原住民祭儀、生活題材搭配香蕉、椰子樹，中景水面，遠景山脈的表現方式；次要母題也較為單一，包括香蕉樹、椰子樹、房屋、欄杆、山豬等；設色的方式常以黑、黃為地，少見有紅色，原住民傳統紋飾及人物常以鑲嵌技法裝飾。

反觀其他媒材，相片加彩製成的明信片相較於工藝品更加貼近現實，構圖方式也更為豐富，其中以前景杵歌，中景水面，遠景山脈的構圖被廣泛應用於「蓬萊漆器」，且並不限於「杵歌」題材，在描繪日常生活的母題中也可見此種構圖。戳章則由於形狀及大小的限制，更為強調母題，而簡化背景，構圖方面與「蓬萊漆器」較無明顯關聯。而繪畫方面，則多以滿版描繪母題，背景相對簡單、甚至留白，且色彩豐富、強調幾何形狀的位置安排，這些特性在「蓬萊漆器」中也同樣適用。由以上分析可發現，「蓬萊漆器」中的題材及表現形式多是由其他媒材簡化而來。

透過目前筆者對於「蓬萊漆器」的歷史、器形與母題之間交互關係的分析，可知「蓬萊漆器」為二十世紀前半，由來臺日籍匠師或漢人漆匠所製作，具有臺灣意象及特產等特殊母題的漆器，其功能多為裝飾及紀念性質。接下來，筆者將從日治時期臺灣工藝品的發展、以及做為土產品的「蓬萊漆器」等角度切入，再更進一步的探討「蓬萊漆器」的社會價值。

伍、「蓬萊漆器」的社會價值

在「蓬萊漆器」中所題的款文，如「臺灣風俗」、「日月潭杵歌」、「蕃人娛樂」等，無一不是在強調屬於臺灣的特色，而作為外銷的土特產品，在當時的社會所扮演的角色為何，筆者將在本章進行分析。

一、被建構的臺灣工藝品

日本在明治四十年代（1907 年代）手工教育開始萌芽，但後藤新平（ごとう しんぺい，1857～1929）於明治三十三年（1900 年）至大正八年（1919年）在臺灣所推行的產業教育卻著重於經濟，並未對臺灣人的文化教育有所助益。〔註1〕

直到大正十三年（1924 年）山本鼎有感於臺灣工藝發展技術落後，且缺乏創造精神及美感意識，而提出「公學校的實業教育計畫」，並辦理講習、制定獎勵制度、辦理展覽會等，促進工藝產業的發展。〔註2〕

山本鼎將「工藝」分為具有美術及經濟價值的「產業工藝品」、純美術價值的「純粹工藝」、以及自家日常生活所使用的「自用工藝」。他認為在當時的臺灣僅有蕃人所製作的日用品，如織物、木雕等可被劃為「自用工藝」的範疇，因此要改善臺灣工藝產業的發展，應由此處下手。〔註3〕

〔註 1〕楊孟哲，《太陽旗下的美術課：臺灣日治時代美術教科書的歷程》，臺北：南天書局有限公司，2011 年，頁 80～81。

〔註 2〕楊孟哲，《日本統治時代の台湾美術教育》，東京都：同時代社，2006 年，頁155～157。

〔註 3〕山本鼎，〈有望之臺灣工藝的產業〉，顏娟英譯著，《風景心境：臺灣近代美術文獻導讀》，臺北：雄獅圖書股份有限公司，2001 年，頁 436～437。

要使「自用工藝」發展為「產業工藝品」除了選定品項、妥善的利用圖案、選用適當的素材及製作工具、容易傳授他人的製作方法、以及產品的販售方法外，還須注意幾項要點：

1. 使蕃人將自己的趣味及技巧，廣泛的應用於一般的裝飾品中，並有自覺的將它發展為「產業」。

2. 須注意擴大生產區，並主要以蕃人為製作者。

3. 並非販賣傳統的土產品，而是如日本本島及歐美人士的生活必需用品，具消費性的產品，使販售可長久持續。〔註4〕

可見，山本鼎所認為的工藝品，是由原住民本身設計、製作的「現代化」的生活用器，與日本人設計、製作的土產品「蓬萊漆器」有很大的差異。

然而到了昭和六年（1931年），總督府殖產局商工課所辦理的「臺灣工藝品振興座談會」顯示出官方立場所期望「臺灣工藝品」的樣貌。此座談會的與會人員有：殖產局商工課課長戶水昇、仙臺工藝指導所的商工省技師、臺北產業協會、官稅鑑定官、刑務所長、工業學校校長、高校教授、臺北州產業主事等官員、以及生蕃屋、山一物產店、盛進商行、臺灣物產介紹所等物產店代表人。〔註5〕

在會議中，戶水課長認為一直以來作為臺灣副業的「工藝美術品」非常的稚嫩，如何改善是一大問題，當時臺灣有一半以上的土產是由日本本島所提供，而發展具有臺灣風光景物、以及南洋趣味的產品是必要的，如蕃布、雕刻、竹細工、水果、砂糖、茶等，使消費者購買後能讓家裡浸染臺灣色彩的裝飾品，而非單純的模仿日本本島的作品。另一方面，做為外銷的土產，還需要瞭解外國人的思想習慣、趣味嗜好等以製作實用的作品。〔註6〕

戶水課長所認為的「臺灣工藝品」範圍較山本鼎更廣，且著重於外銷，強調「南洋趣味」的呈現，且不限於原住民的製品，還包含茶、糖、熱帶水果等物產，此標準與「蓬萊漆器」的性質較為相近。

昭和十八年（1943年）辦理的「生活與民藝座談會」則由東京民藝館館長柳宗悅、臺灣總督府營繕課課長大倉三郎（おおくら さぶろう，1900～

〔註4〕山本鼎，〈有望之臺灣工藝的產業〉，頁438。

〔註5〕臺灣總督府殖產局商工課，〈臺灣工藝品振興座談會（其の一）〉，《臺灣之產業組合》，臺北：臺灣產業組合協會，1931年，頁16。

〔註6〕臺灣總督府殖產局商工課，〈臺灣工藝品振興座談會（其の一）〉，頁16～24。

1983）、畫家立石鐵臣（たていし　てつおみ，1905～1980）、臺北帝國大學教授金關丈夫（かなせき　たけお，1897～1983）、及中村哲（なかむら　あきら，1912～2003）等人與會，討論臺灣「民藝」的發展。〔註7〕

　　柳宗悅認為「民藝」並非為娛樂或收藏而做的奢侈品，不需要使用特別貴重的材料，而是要發揮隨手可得的材料，製成廉價且簡單樸素但又美麗的物品，因此「民藝」一詞或許以「生活工藝」或是「再生工藝」等詞彙稱呼會更加妥當。另一方面，戰爭所導致的物資緊缺，使傳統的技術也漸漸的消失，而這些貴重技術的消失，也會使國家的力量減弱。〔註8〕

　　柳宗悅所在意的臺灣民藝包含鶯歌水甕、臺南關廟的細竹工藝、廟宇中的燭臺、香爐、籤筒等，〔註9〕與前述山本鼎與總督府殖產局所強調的「蕃產物」又有所不同，較偏向漢人的日常生活用品，功能則為傳承技藝及日常生活使用，並不強調銷售。

　　而立石鐵臣則指出，有許多銷售至日本的臺灣工藝品，為展現出臺灣情趣，而在產品上直接模仿排灣族的雕刻作為裝飾，雖然排灣族的雕刻很優秀，但直接模仿而製成新產品的態度僅僅只是低俗的模仿，應該要學習本地手工藝品的優點，加以內化後所製成的產品才不顯粗俗。〔註10〕

　　由上述的梳理整理為表 12，可知日治時期無論是官方或民間，對於好的「工藝品」並無固定的標準及名稱，如山本鼎提出以原住民製作、銷售的「產業工藝品」、戶水昇為推廣外銷而生產的「工藝美術品」、及柳宗悅為傳承技藝而做的「民藝、生活工藝、再生工藝」。但大致可看出日本人對於「臺灣風情」的審美標準，如原住民的雕刻、織布、漢人的細竹編等均是受日本人喜愛的工藝品。而「蓬萊漆器」為日本人及漢人製作，主要販賣給旅客，筆者認為以「土產」一詞稱呼較為合適，接下來將討論作為土產的「蓬萊漆器」在此脈絡中的價值及意義。

〔註 7〕柳宗悅等，〈生活與民藝座談會——以柳宗悅氏為中心〉，《風景心境：臺灣近代美術文獻導讀》，頁 464。

〔註 8〕柳宗悅等，〈生活與民藝座談會——以柳宗悅氏為中心〉，頁 473～474。

〔註 9〕柳宗悅等，〈生活與民藝座談會——以柳宗悅氏為中心〉，頁 475～477。

〔註10〕立石鐵臣，〈生活工藝品的反省〉，《風景心境：臺灣近代美術文獻導讀》，頁 482～483。

表 12. 日治時期對於「工藝品」定義的比較（筆者整理）

提出者	使用名稱	範圍	製作者	功　能
山本鼎	產業工藝品	原住民織布、木雕	原住民	銷售
戶水昇	工藝美術品	蕃布、雕刻、竹細工、水果、砂糖、茶	不限	外銷
柳宗悅	民藝、生活工藝、再生工藝	鶯歌水甕、臺南細竹工藝、廟宇中的燭臺、香爐、籤筒	不限	傳承技藝

二、作為土產的「蓬萊漆器」

臺中市役所在大正十五年（1926 年）曾為了選出臺中市的特產品，而懸賞募集臺中市內所生產的加工食品及製作品，〔註 11〕在此次懸賞募集中參賽的製作品有四十四件，山中公所製作的「蓬萊盆」獲得第二等的獎項，是前五名中唯一一件製作品，其他均為加工食品。而審查的標準為：

1. 須具工業價值
2. 可以從名稱聯想到臺中市、容器、形體、內容具有地方色彩
3. 價格低廉使任何人都可輕易購買、且體積小容易搬運

其中評審對於山中公的「蓬萊盆」的評價是「脫胎自排灣族的楯，又使用了臺灣動植物的紋樣，在支那漆塗中算是優品，但普遍性較第一名（高木卯太郎的臺中仙貝）低且較格稍高」。〔註 12〕

而其他參選作品中，也有許多不失為優品的漆製品，如做為日用品的勺子、掛飾、點心盤、繪有臺中名勝的福州漆器、以及柄部施以原住民雕刻的漆器。〔註 13〕雖然這些作品的樣貌現今已無從考證，但繪有臺中名勝的福州漆器、以及柄部施以原住民雕刻的漆器應屬於「蓬萊漆器」的範疇。

昭和五年（1930 年）在大阪三月所舉行的「全國農民藝術品展覽會」中，臺灣總督府選了兩百五十件臺灣產品參展，臺北生番屋的「城門菸草組」與臺中山中公的「菸草組」一同獲得金牌獎，為臺灣僅獲得的兩個金牌獎，〔註 14〕這兩件作品推測也是屬於表現臺灣名勝及具有原住民雕刻元素的「蓬萊漆器」。

〔註 11〕臺中市報編輯，〈公告〉，《臺中市報》，1926 年 6 月 17 日（第 356 號），頁 58。
〔註 12〕臺中市報編輯，〈勸業事項〉，《臺中市報》，1927 年 3 月 26 日（第 24 號），頁 37。
〔註 13〕臺中市報編輯，〈勸業事項〉，《臺中市報》（第 24 號），頁 38。
〔註 14〕臺灣日日新報編輯，〈農民藝術展で本島から兩名受賞〉，《臺灣日日新報》，1930 年 5 月 29 日（日刊），版 04。

　　同年十月，臺中公學校所辦理的「教育展覽會與土產品展覽會」中，除了展出五百餘件工藝傳習所學生的作品外，〔註15〕還由參展的八十五件工藝製作品中選出十八件優秀的作品，其中山中公的「蓬萊塗果物缽」獲得一等獎，「蓬萊盆」、及「蓬萊塗壺」獲得二等獎，「蓬萊塗墨水壺（インクスタンド）及吸取器」、及「瓢製菓子器」獲得三等獎。〔註16〕由這些獎項的紀載，可以看到「蓬萊漆器」的器形遠不止現存的瓶、盤等器形，而是更為豐富、多元的。

　　而臺中市立工藝傳習所、臺中工藝專修學校也有參與一些具有販賣會性質的展覽，根據表13所整理的內容可知，在昭和十三年至昭和十五年間（1938～1940年），臺中工藝專修學校會在年底舉行學生的製作品展，並銷售這些作品，作為學校營利的基金。

表13. 臺中市立工藝傳習所、臺中工藝專修學校所參與之展覽

時　間	名　稱	主　辦	地　點	目的/獎項
昭和六年（1931）10月24日	蕃產品展	臺北植物園商品陳列館	臺北植物園商品陳列館	商品販售
昭和十三年（1938）12月17～18日	生徒作品展	臺中工藝專修學校	臺中工藝專修學校	商品販售
昭和十四年（1939）12月16～17日	工藝專修校展	臺中工藝專修學校	臺中工藝專修學校	商品販售
昭和十五年（1940）12月15～16日	製作品展	臺中工藝專修學校	臺中工藝專修學校	商品販售
昭和十七年（1942）3月28～29日	臺中優良品展示會	臺中州	商工獎勵館	臺中工藝專修學校—市長獎

（筆者依《漢文臺灣日日新報》、《臺灣日日新報》等整理製表）〔註17〕

〔註15〕漢文臺灣日日新報編輯，〈臺中教展　開於臺中公校〉，《漢文臺灣日日新報》，1930年10月5日（日刊），版04。
〔註16〕臺中市報編輯，〈勸業事項〉，《臺中市報》，1930年10月16日（第302號），頁80～81。
〔註17〕漢文臺灣日日新報編輯，〈蕃產品展〉，《漢文臺灣日日新報》，1931年10月27日（夕刊），版n04；臺灣日日新報編輯，〈生徒作品展　十七、十八兩日開催〉，《臺灣日日新報》，1938年12月17日（日刊），版05；臺灣日日新報編輯，〈工藝專修校展〉，《臺灣日日新報》，1939年12月17日（日刊），版05；臺灣日日新報編輯，〈製作品展〉，《臺灣日日新報》，1940年12月13日（日刊），版04；臺灣日日新報編輯，〈臺中優良品展示會〉，《臺灣日日新報》，1942年3月29日（日刊），版04。

　　而在介紹臺中景點、名產的刊物《臺中州概觀》中，也有提到：「本市的特產品是漆器，以本市八仙山產的紅檜、欅等製成盆、菓子器（點心盒）、莨入（菸盒），以原住民風俗、風景等熱帶情趣為紋樣，是博得好評的土產品。」〔註18〕這些獎項及描述，都指出了「蓬萊漆器」是臺中優秀的土產品。

　　然而在上述大正十五年（1926 年）臺中市特產品的懸賞募集中，評審指出「蓬萊漆器」的價格稍高，具體價格可由《臺中市產業要覽》、《臺中州概觀》、以及《臺灣鐵道旅行》可以一窺。

　　《臺中市產業要覽》指出「蓬萊盆、果物缽壺等漆器年產額 20,000」〔註19〕，昭和十四年（1939 年）版的《臺中州概觀》中則指出「漆器 蓬萊盆（價格）1.00～3.50」〔註20〕，而《臺灣鐵道旅行》則更詳細的指出了各種器形的「蓬萊漆器」不同的價格，且在昭和十年至昭和十七年間（1935 年～1942 年）並無跌漲，價差較大，平均大致可分為 1.5～3 元以及 3～6 元兩個區段（表 14）。

表 14. 「高砂漆器」之定價（日元）

器形 ＼ 年代	昭和十年（1935）	昭和十五年（1940）	昭和十七年（1942）
盆類	0.75～4.50	0.75～4.50	0.75～4.50
個人使用的點心盤（銘々盆）	1.50～3.00	1.50～3.00	1.50～3.00
各種菸組	3.00～12.00	3.00～12.00	3.00～12.00
墨水壺	1.80～6.00	1.80～6.00	1.80～6.00
小花瓶（一輪差）	1.50～3.00	1.50～3.00	1.50～3.00
相框（寫真掛）	1.60～3.00	1.60～3.00	1.60～3.00
檯燈	3.80～7.00	3.80～7.00	3.80～7.00
掛飾		2.50～6.00	2.50～6.00
花瓶		3.00～9.50	3.00～35.00

（筆者依《臺灣鐵道旅行》整理製表）〔註21〕

〔註18〕臺中州編纂，《〔昭和十年版〕臺中州概觀》，臺中：臺灣新聞社，1935 年，頁 103～104。

〔註19〕臺中市役所，〈臺中土產品名物表〉，《臺中市產業要覽》，頁 95。

〔註20〕臺中州編纂，《〔昭和十四年版〕臺中州概觀》，頁 187。

〔註21〕臺灣總督府交通局鐵道部，《〔昭和十年版〕臺灣鐵道旅行案內》，臺北：臺灣總督府交通局鐵道部，1935 年，頁 157；臺灣總督府交通局鐵道部，《〔昭和十五年版〕臺灣鐵道旅行案內》，臺北：臺灣總督府交通局鐵道部，1940 年，頁 203；臺灣總督府交通局鐵道部，《〔昭和十七年版〕臺灣鐵道旅行案內》，臺北：臺灣總督府交通局鐵道部，1942 年，頁 187。

　　大正十五年（1926年）臺中市特產品的懸賞募集中獲獎的「蓬萊盆」定價確實較其餘得獎的點心類產品高，根據昭和十四年（1939年）的《臺中州概觀》指出「臺中仙貝（價格）1.00～2.00」、「養老饅頭（價格）約0.10」。〔註22〕

　　雖然將工藝品的價格與點心類的價格相比，似乎有失公允，但在《臺灣鐵道旅行》中所列舉的工藝品，如竹細工的花盆為0.70～1.20元、椰子製成的小花瓶為0.90～1.80元、水牛角製的小花瓶（一輪差）為3.00～4.50元，〔註23〕可見「蓬萊漆器」與水牛角器因材質及製作繁複，而價位偏高。

　　「蓬萊漆器」雖與山本鼎、柳宗悅所提倡的「工藝品」有所差距，且其作為土產價格稍高，但成績卻是不容小覷的，不僅被以「臺中名物」介紹給來臺的旅客，還有年產額兩萬的銷售數字，表示每年約賣出三千到六千件「蓬萊漆器」。但到了戰後，這種具有娛樂性質，且價格偏高的工藝品旋即沒落，直到1952年顏水龍的《臺灣工藝》出版，〔註24〕這項盛極一時的產品才逐漸被喚醒。

三、臺灣現代社會對於「蓬萊漆器」的關注

　　顏水龍（1903～1997）的觀點與山本鼎類似，期望以工藝發展發揚國民精神，其中最重要的基礎為原住民的自由工藝。〔註25〕為了使工藝產業振興應設立研究指導機構，針對工藝品的材質、製作方法、人員訓練、推廣宣傳等事項進行研究。〔註26〕其中針對漆器外銷的部分，建議以「山地樣式」的盤、連杯、寶石盒、裁紙刀、花籠等，〔註27〕這樣的描述與「蓬萊漆器」大致吻合。為此顏水龍於1954年促成「南投縣工藝研究班」。

　　「蓬萊漆器」再次受到注目大約是2001年南投民俗文物學會所舉辦的「臺灣漆藝文物展」，其中展示了臺灣自清領時期以來到戰後的漆器，其中也包含為數不少的「蓬萊漆器」。〔註28〕然而再下一次以「蓬萊漆器」為主題的展覽

〔註22〕臺中州編纂，《〔昭和十四年版〕臺中州概觀》，頁187。
〔註23〕臺灣總督府交通局鐵道部，《〔昭和十年版〕臺灣鐵道旅行案內》，頁199～202。
〔註24〕顏水龍，《臺灣工藝》，2016年。
〔註25〕顏水龍，〈臺灣「工藝產業」之必要性〉，《臺灣工藝》，頁16～26。
〔註26〕顏水龍，《臺灣工藝》，頁145～146。
〔註27〕顏水龍，《臺灣工藝》，頁157。
〔註28〕翁徐得、黃麗淑、簡榮聰，《臺灣漆器文物風華：蓬萊塗漆器》。

便要到 2009 年，臺中縣豐原市立漆器館的「『蓬萊塗』特展」，〔註29〕以及 2010 年高雄市立歷史博物館的「蓬萊塗風華——高博館典藏漆器特展」，此展覽配合黃麗淑的研究成果，展出了館藏約兩百件的「蓬萊漆器」，為目前為止展出件數最多「蓬萊漆器」的展覽。〔註30〕

2013 年文化部文化資產局與國立臺灣工藝研究發展中心共同舉辦的「世紀蓬萊塗：臺灣百年漆器之美：山中公・陳火慶・賴高山・王清霜漆藝聯展」，此展覽為山中公之女山中美子（やまなが　よしこ，1924～）將山中公的漆藝作品及手稿等 162 件捐贈給國立臺灣工藝研究發展中心，因此促成了此捐贈、回顧展，展覽除了展出山中公的作品外，還包含其三位弟子陳火慶、賴高山、以及王清霜的作品。〔註31〕

2017 年適逢臺中州及「山中工藝美術漆器製作所」設立滿百年，因而推出許多相應的展覽，如國立臺中教育大學人文學院區域與社會發展學系、大屯文化工作室所舉辦的「臺灣蓬萊塗——郭双富歷年蒐藏漆器」，〔註32〕以及國立臺灣工藝研究發展中心的「亞州漆藝典藏展」，展覽以「大館帶小館」的方式，由國立臺灣工藝研究發展中心主辦，將展場設在相關主題的地方館，並邀請日本、越南、韓國、中華人民共和國等知名的漆藝師參展，〔註33〕展覽雖以紀念「山中工藝美術漆器製作所」為緣起，卻更加著重於漆藝創作的發展。

由上述梳理可整理為表 15，可知與「蓬萊漆器」相關的展覽重點為歷史上的臺灣漆器，及相關的館藏品，「世紀蓬萊塗：臺灣百年漆器之美：山中公・陳火慶・賴高山・王清霜漆藝聯展」除了展示典型的「蓬萊漆器」外，更多的展品為陳火慶、賴高山、王清霜等漆藝師近年來的作品，而「亞州漆藝典藏展」則完全將重心轉向關注現今漆藝家們的創作。

〔註29〕自由時報，〈技法台味濃 蓬萊塗漆器特展〉，2009 年 5 月 5 日發佈，〈http://news.ltn.com.tw/news/supplement/paper/300937〉，2018 年 5 月 7 日點閱。

〔註30〕高雄市立歷史博物館，〈蓬萊塗風華——高博館典藏漆器特展〉，〈http://khm.org.tw/home02.aspx?ID=$2004&IDK=2&EXEC=D&DATA=3028&AP=$2004_HISTORY-0〉，2018 年 5 月 7 日點閱。

〔註31〕施國隆等編輯，《世紀蓬萊塗：臺灣百年漆器之美：山中公・陳火慶・賴高山・王清霜漆藝聯展》。

〔註32〕王如哲，《臺灣蓬萊塗——郭双富歷年蒐藏漆器：2017 人文藝術季系列活動圖錄》。

〔註33〕江瑞麟主編，《亞洲漆藝典藏展專輯暨研討會論文集》，南投：國立臺灣工藝研究發展中心，2017 年。

表 15.「蓬萊漆器」相關展覽（筆者自行整理）

展出時間	展覽名稱	主辦單位	展出地點
2001 年 10 月 19 日～ 11 月 13 日	臺灣漆藝文物展	南投民俗文物學會、南投縣政府文化局	南投縣政府文化局
2009 年 5 月 5 日～6 月 28 日	「蓬萊塗」特展	臺中縣豐原市立漆器館	臺中縣豐原市立漆器館
2010 年 1 月 28 日～6 月 6 日	蓬萊塗風華——高博館典藏漆器特展	高雄市立歷史博物館	高雄市立歷史博物館二樓特展室
2013 年 7 月 6 日～8 月 11 日	世紀蓬萊塗：臺灣百年漆器之美：山中公‧陳火慶‧賴高山‧王清霜漆藝聯展	文化部文化資產局、國立臺灣工藝研究發展中心	臺中文化創意產業園區雅堂館
2017 年 4 月 13 日～5 月 5 日	臺灣蓬萊塗——郭双富歷年蒐藏漆器	國立臺中教育大學人文學院區域與社會發展學系、大屯文化工作室	國立臺中教育大學求真樓一樓
2017 年 6 月 25 日～8 月 27 日	亞州漆藝典藏展	國立臺灣工藝研究發展中心	臺灣漆文化博物館、游漆園、龍南天然漆博物館、豐原漆藝館

在工作坊、研習班的方面，2015 年由國立臺灣工藝研究發展中心開設的「104 漆器人才培育計畫——漆藝竅門初階研習營」，是為創作、漆器產品開發或技藝傳承者所開設的，講師黃金梅為國立臺灣工藝研究發展中心技術組漆工坊負責人，教授內容除了「蓬萊漆器」常用的「雕木彩漆」與「磨顯填漆」外，還有變塗、月影（貼箔罩明）及蛋殼貼附等加飾技法，以及籃胎漆藝的製作。〔註 34〕

2015 年國立臺北科技大學進修部教育推廣中心所舉辦的「豐園漆器實作課程——豐園蓬萊塗藝師傳承系列（一）」同樣是以傳承創新，協助創業為目標的民眾所開設，講師陳清輝（1936～）為漆藝師陳火慶之子、陳誌誠為臺北科技大學工業設計學系講師，課程包含木製食器製作、木地蒔繪、生態雕

〔註 34〕國立臺灣工藝發展研究中心，〈104 漆器人才培育計畫——漆藝竅門初階研習營〉，〈https://goo.gl/Gr3Y7D〉，2018 年 5 月 8 日點閱。

刻、蓬萊塗漆器。〔註35〕

　　2016 年臺中市政府經濟發展局「臺中市豐原區漆藝木藝雙旗艦發展計畫
——『漆彩好禮、百年好盒』」所辦理的「葫蘆墩技藝傳承訓練（師匠教學）
第一梯次課程——陳清輝蓬萊塗漆藝工坊」，同樣邀請陳清輝為講師，向已有
漆藝、木藝基礎的民眾開放，教學內容以「變塗（犀皮）」為主。〔註36〕

　　2017 年及 2018 年臺中市政府文化局皆辦理「蓬萊塗漆藝研習班」，由臺
中市政府文化資產處傳統工藝類文化資產「漆工藝——蓬萊塗」保存者吳樹
發為講師，教導一般民眾製作「雕木彩漆」的「蓬萊漆器」。〔註37〕

　　2017 年由臺中文史復興組合承辦「臺中市政府文化局社造點計畫」所辦
理的「臺灣漆藝的起源地——蓬萊塗體驗 2 日工作坊」，由漆藝師賴高山之孫
賴信佑擔任講師，向一般民眾介紹「蓬萊漆器」，並體驗漆器的上色及研磨。
〔註38〕

　　由上述內容整理為表 16，可見與「蓬萊漆器」相關的培育班在 2015 年
「104 漆器人才培育計畫」、及「豐園蓬萊塗藝師傳承系列（一）」以輔導創業
及產品開發為導向，而 2016 年以後則轉為向一般大眾介紹「蓬萊漆器」的模
式，如「陳清輝蓬萊塗漆藝工坊」、「吳樹發老師蓬萊塗漆藝研習班」、「蓬萊
塗體驗 2 日工作坊」、及「107 年蓬萊塗漆工藝研習」。然而在名稱方面大多以
「蓬萊塗」稱「蓬萊漆器」，且課程內容所教授的僅為「雕木彩漆」類的「蓬
萊漆器」，而忽略「磨顯填漆」及「鑲嵌」等類型的「蓬萊漆器」。

〔註35〕漆彩好禮百年好盒，〈【豐園漆器實作課程】豐園蓬萊塗藝師傳承系列（一）
　　　　第 1 期~招生資訊〉，〈https://goo.gl/CDxHZF〉，2018 年 5 月 8 日點閱。
〔註36〕國立臺北科技大學進修部推廣教育中心，〈葫蘆墩技藝傳承訓練(師匠教學)〉，
　　　　〈https://goo.gl/FMaKMR〉，2018 年 5 月 8 日點閱。
〔註37〕臺中市文化資產處，〈新聞：蓬萊寶島好技藝——吳樹發蓬萊塗漆工藝研習首
　　　　辦成果展〉，〈https://goo.gl/8sdSwr 〉，2018 年 5 月 8 日點閱；臺中市文化資
　　　　產處，〈107 年蓬萊塗漆工藝研習〉，〈http://www.tchac.taichung.gov.tw/infor
　　　　mation?uid=5&pid=3286〉，2018 年 5 月 8 日點閱。
〔註38〕Facebook，〈10/28（六）29（日）台灣漆藝的起源地：蓬萊塗體驗 2 日工作坊〉，
　　　　〈https://goo.gl/qXN1Mo〉，2018 年 5 月 8 日點閱。

表 16. 「蓬萊漆器」相關培育班（筆者自行整理）

名　稱	時　間	主辦單位	講　師	時　數	資　格
104 漆器人才培育計畫——漆藝竅門初階研習營	2015 年 8 月 1 日～ 9 月 19 日	國立臺灣工藝研究發展中心技術組漆工坊	黃金梅	48 小時	有志從事創作、漆器產品開發或技藝傳承者
					圖源：自由時報，〈工藝中心漆器研習成果展 臺灣「蓬萊塗」有特色〉。
【豐園漆器實作課程】豐園蓬萊塗藝師傳承系列（一）	2015 年 11 月 17 日 ～2016 年 1 月 26 日	國立臺北科技大學進修部教育推廣中心	陳清輝 陳誌誠	44 小時	傳承創新，協助創業為目標
					圖源：漆彩好禮百年好盒，〈【豐園漆器實作課程】豐園蓬萊塗藝師傳承系列（一）第 1 期~招生資訊〉。
葫蘆墩技藝傳承訓練(師匠教學)第一梯次課程—陳清輝蓬萊塗漆藝工坊	2016 年 4 月 27 日～ 7 月 27 日	臺中市豐原區漆藝木藝雙旗艦發展計畫	陳清輝	49 小時	有製作漆器基礎
					圖源：國立臺北科技大學進修部推廣教育中心，〈葫蘆墩技藝傳承訓練（師匠教學）〉。
吳樹發老師蓬萊塗漆藝研習班	2017 年 5 月～9 月	臺中市政府文化局	吳樹發	96 小時	一般民眾
					圖源：臺中市文化資產處，〈新聞：蓬萊寶島好技藝——吳樹發蓬萊塗漆工藝研習首辦成果展〉。

臺灣漆藝的起源地——蓬萊塗體驗 2 日工作坊	2017 年 10 月 28～29 日	臺中文史復興組合——臺中市政府文化局社造點計畫	賴信佑	6 小時	一般民眾
					圖源：Facebook，〈10/28（六）29（日）台灣漆藝的起源地：蓬萊塗體驗 2 日工作坊〉
107 年蓬萊塗漆工藝研習	2018 年 4 月 14 日～7 月 30 日	臺中市政府文化局	吳樹發	96 小時	一般民眾

　　日治時期作為土產的「蓬萊漆器」乘載了地方產業發展，並展現臺灣的「地域色彩」以滿足日本人及觀光客對於「南島風情」的想像，這項特色產業在戰後快速的消失，呈現出它是為日本人所製造的「外銷」特質。

　　山本鼎、柳宗悅、以及顏水龍所提出的「工藝」、「民藝」等概念，與現今政府所推動的建構地方特色、文化創意產業等政策息息相關，在此脈絡下所辦理與「蓬萊漆器」相關的展覽及培育班，不僅帶領民眾認識這項曾經風靡一時的特色產品，也將「蓬萊漆器」的技法、母題融合現今社會的審美，再次開發成為新產品。

　　然而筆者認為母題方面需要做一些調整，以原住民母題為例，日治時期的「蓬萊漆器」是以觀光客對於南方島國所想像而建構的母題，是將旅遊實景所呈現的樣貌加以商業化的成果。現今雖然現今許多原住民部落依然是以「異族觀光（ethnic tourism）」作為代表性的觀光產業，但在觀光紀念品的方面，不妨反過來以原住民本身為主體，製作具有原住民特色的作品，使「族群意識商品化（commoditization of ethnicity）」，由此強調地方特色及建構族群認同。

陸、結　論

　　本研究通過文獻梳理與風格分析，對臺灣日治時期「蓬萊漆器」獲得以下幾點具體認識：

一、「蓬萊漆器」的名稱與發展歷程

　　「蓬萊漆器」起源於臺灣日治時期，由漆藝師山中公開始製作，於大正十二年（1923 年）至民國三十六年（1947 年），歷經「山中工藝所」、「株式會社臺中工藝製作所」、「臺中市立工藝傳習所」、「私立臺中工藝專修學校」、「私立建國工業職業學校」等發展歷程。透過本研究第二章第四節可知，「蓬萊漆器」於「土產店」及「番物產店」中販售，而非「漆器店」，顯示其功能為土特產，而非日用品。

　　此種漆器在日治時期的稱呼多元，包含「蓬萊漆器（ほうらいしっき）」、「蓬萊塗（ほうらいぬり）」、「高砂雕（たかさごぼり）」、「高砂漆器（たかさごしっき）」、「蓬萊蒔繪（ほうらいまきえ）」等。筆者綜觀日本漆器名稱，多是以「生產地加上製作技法」的模式命名，且擁有多元製作技法的統稱為「漆器（しっき）」。儘管現今多以「蓬萊塗」稱此類漆器，但經過筆者於本研究第一章第四節的梳理可知，具有繪畫、雕刻、鑲嵌等多重技法的臺灣日治時期漆器應以「蓬萊漆器」統稱之更為合適。

二、「蓬萊漆器」的表現形式

　　經過本研究對於文物的觀察、檢視、測繪與紀錄得知，「蓬萊漆器」在製作技法的部分，以「車旋」、「板合」、「雕刻」等技法製作木胎，再以「磨顯填

漆」、「雕木彩漆」等技法上漆、加飾，部分以鑲嵌貝殼或骨、木作為裝飾手法。以「磨顯填漆」為主要技法製成的「蓬萊漆器」，構圖完整，具有景深，紋飾多以色塊描繪。以「雕木彩漆」及「鑲嵌」為主要技法製成的「蓬萊漆器」，常以帶狀幾何紋作為邊飾、開光，內雕刻主要母題的輪廓線，並依照輪廓填色。

「蓬萊漆器」器形多樣化，包含瓶、盤、掛飾、各種樣式的盒子、櫃子、煙具組、墨水壺、相框、檯燈等，且尺寸偏小、裝飾性強，多以深色為底，母題佈滿器身，以紅、綠等多種明度較高的色彩描繪，且鑲嵌貝殼僅作為配色使用。

透過本研究第四章的分析可知「蓬萊漆器」在構圖與母題表現的特性。在構圖方面的表現手法較為制式化，常以前景為主要母題、中景水面、遠景山脈的表現方式，這種構圖方式是由以「杵歌」為母題的明信片簡化而來。而繪畫作品，如《教育所‧圖畫帖》、《教育所‧略畫帖》、美術作品等，以簡單的背景、豐富的色彩、強調幾何形狀的位置安排等特性在「蓬萊漆器」中也同樣可見。

在母題方面，「蓬萊漆器」的母題多元，包含描繪祭典儀式場景的「祭儀」、描繪日常生活樣貌的「日常生活」、及模仿原住民木雕用器紋飾的「幾何紋」三大類，但「蓬萊漆器」中並不特別強調特定族群的服飾特徵，僅強調其多色、條紋等近乎刻板印象的特質，因此需對母題有一定程度的瞭解，才能推測畫面中所呈現的族群為何。

三、「蓬萊漆器」的意義及社會價值

大正九年（1920年）日本殖產局將安南種漆樹引進臺灣前，臺灣的漆產業並不發達，漆器多由中國福州引進，在臺的匠師也屬於福州漆器的脈絡，製作嫁娶、祭祀所使用的用具，到日治時期漆器則由日本引進，多為日常生活用器。

根據本研究第五章的梳理，可知大正十二年（1923年）山中公開始以臺灣特有的風俗景物，製作具有紀念價值的土產「蓬萊漆器」，其工藝產業的價值、及表現地方色彩的特質，與明治四十年（1907年）以後開始發展的「手工教育」、「工藝」、「民藝」相互呼應，但由於其玩賞價值較日常實用價值高，且主要販售對象為旅客，因此筆者將其歸類為「土產」，在日治時期的銷量高，但戰後旋即沒落。

2001 年以後，由於政府推動建構地方特色、文化創意產業等政策，「蓬萊漆器」再次被世人想起，並開設展覽及培育班使其再次得到發展。且筆者認為母題方面，可由原本以觀光客的為主體所想像的原住民樣貌，轉換為以原住民本身為主體，製作具有原住民特色的作品，藉此強調地方特色及建構族群認同。

四、未來展望

整體來說，本研究為初步研究的階段，因個人的能力及時間的限制，筆者僅就所見樣本，及文獻資料進行分析，大致描繪「蓬萊漆器」在藝術及社會價值的樣貌。然而筆者所收集的「蓬萊漆器」中，具有年款的樣本少，且器形的種類中也未有日治時期文獻中所提及的墨水壺、檯燈、相框等，因此在本文中並未討論，若未來收集到更多具有名款及本文未提及之樣本，筆者將持續對「蓬萊漆器」的年代及表現手法進行更深入的討論與研究。

參考資料

文　獻

1. 〔清〕藍鼎元，《東征集》，臺北：臺灣銀行，1958 年。

2. 大川遊龜，《〔昭和十六年版〕新竹商工人名錄》，新竹：新竹商工會議所，1941 年。

3. 氏平要、原田芳之，《臺中市史》，臺中：臺灣新聞社，1934 年。

4. 千草默仙，《〔昭和九年版〕會社銀行商工業者名鑑》，臺北：圖南協會，1934 年。

5. 千草默仙，《〔昭和十年版〕會社銀行商工業者名鑑》，臺北：圖南協會，1935 年。

6. 千草默仙，《〔昭和十一年版〕會社銀行商工業者名鑑》，臺北：圖南協會，1936 年。

7. 千草默仙，《〔昭和十二年版〕會社銀行商工業者名鑑》，臺北：圖南協會，1937 年。

8. 千草默仙，《〔昭和十五年版〕會社銀行商工業者名鑑》，臺北：圖南協會，1940 年。

9. 千草默仙，《〔昭和十八年版〕會社銀行商工業者名鑑》，臺北：圖南協會，1943 年。

10. 中山長次郎，《〔昭和三年版〕臺中州職員錄》，臺中：株式會社臺灣新聞社，1928 年。

11. 中山長次郎，《〔昭和六年版〕臺中州職員錄》，臺中：株式會社臺灣新聞社，1931 年。

12. 中山長次郎，《〔昭和七年版〕臺中州職員錄》，臺中：株式會社臺灣新聞社，1932 年。

13. 石井善次，《臺中商工案內》，臺中：臺中商工會議所，1941 年。

14. 伊藤憐之助，《〔昭和四年版〕臺灣總督府及所屬官署職員錄》，臺北：臺灣時報發行所，1929 年。

15. 伊藤憐之助，《〔昭和五年版〕臺灣總督府及所屬官署職員錄》，臺北：臺灣時報發行所，1930 年。

16. 宮地硬介，《臺灣名所案內（郵便名勝スタンプ付）》，臺北：合名會社松浦屋印刷部，1935 年。

17. 高雄市役所，《〔昭和十四年版〕商工人名錄》，高雄：高雄市役所，1939 年。

18. 鹿又光雄，《始政四十週年紀念臺灣博覽會誌》，臺北：南天出版社，2015 年。

19. 新竹市役所，《〔昭和十三年版〕新竹市商工人名錄》，新竹：新竹市役所，1938 年。

20. 臺中市役所，《臺中市產業要覽》，臺中：臺中市役所，1931 年。

21. 臺中市役所，《〔昭和十三年版〕臺中市商工人名錄》，臺中：臺中市役所勸業課，1939 年。

22. 臺中州編纂，《〔昭和八年版〕臺中州職員錄》，臺中：高須印刷所，1933 年。

23. 臺中州編纂，《〔昭和十年版〕臺中州概觀》，臺中：臺灣新聞社，1935 年。

24. 臺中州編纂，《〔昭和十三年版〕臺中州概觀》，臺中：臺灣新聞社，1938 年。

25. 臺中州編纂，《〔昭和十四年版〕臺中州概觀》，臺中：臺灣新聞社，1939 年。

26. 臺中州編纂，《〔昭和十五年版〕臺中州概觀》，臺中：臺灣新聞社，1940 年。

27. 臺中州編纂，《〔昭和十八年版〕臺中州概觀》，臺中：臺灣新聞社，1943 年。

28. 臺北市勸業課，《〔昭和八年版〕臺北市商工人名錄》，臺北：臺北市役所，1934 年。

29. 臺北市勸業課，《〔昭和九年版〕臺北市商工人名錄》，臺北：臺北市役所，1935 年。

30. 臺北市勸業課，《〔昭和十年版〕臺北市商工人名錄》，臺北：臺北市役所，1936 年。

31. 臺北市勸業課，《〔昭和十一年版〕臺北市商工人名錄》，臺北：臺北市役所，1937 年。

32. 臺北市勸業課,《〔昭和十二年版〕臺北市商工人名錄》,臺北:臺北市役所,1937 年。

33. 臺北市勸業課,《〔昭和十三年版〕臺北市商工人名錄》,臺北:臺北市役所,1939 年。

34. 臺北市勸業課,《〔昭和十四年版〕北市商工人名錄》,臺北:臺北市役所,1940 年。

35. 臺南市勸業協會,《臺南市商工案內》,臺南:臺南市勸業協會,1934 年。

36. 臺灣新聞社,〈蓬萊漆器〉,《臺灣を代表するもの》,臺中:臺灣新聞社,1935 年,頁 38～41。

37. 臺灣總督府文書課,〈臺中工藝專修學校州費補助認可〉,《昭和十五年永久保存第十一卷》,臺灣總督府公文類纂。檢索自中央研究院臺灣史研究所「臺灣史檔案資源系統」,〈http://tais.ith.sinica.edu.tw〉,2017 年 10 月 7 日點閱。

38. 臺灣總督府交通局鐵道部,《〔昭和九年版〕臺灣鐵道旅行案內》,臺北:臺灣總督府交通局鐵道部,1934 年。

39. 臺灣總督府交通局鐵道部,《〔昭和十年版〕臺灣鐵道旅行案內》,臺北:臺灣總督府交通局鐵道部,1935 年。

40. 臺灣總督府交通局鐵道部,《〔昭和十五年版〕臺灣鐵道旅行案內》,臺北:臺灣總督府交通局鐵道部,1940 年。

41. 臺灣總督府交通局鐵道部,《〔昭和十七年版〕臺灣鐵道旅行案內》,臺北:臺灣總督府交通局鐵道部,1942 年。

42. 臺灣總督府民政部殖產局,〈第九章・臺東漆樹ノ撥種造林〉,《撥種造林試驗・第一回報告》,臺北:臺灣總督民政部殖產局,1915 年,頁 133～142。

43. 臺灣總督府民政部殖產局,〈安南產漆樹〉,《臺灣造林主木各論前篇》,臺北:臺灣總督府民政部殖產局,1921 年,頁 373～376。

44. 臺灣總督府民政部殖產局山林課,〈第四章・栽培試驗並二栽培狀況〉,《〔昭和十年十月〕熱帶產業調查會調查書・林業二關スル調查書・第二卷第一八編・漆》,臺北:臺灣總督府民政部殖產局山林課,1935 年,頁 43～58。

45. 臺灣總督府民政部殖產局商工課,〈第九項・漆製造工業〉,《〔昭和十年八月〕熱帶產業調查書・中・工業二關スル事項》,臺北:臺灣總督府民政部殖產局商工課,1935 年,頁 533～539。

46. 臺灣總督府殖產局商工課,〈臺灣工藝品振興座談會(其の一)〉,《臺灣之產業組合》,臺北:臺灣產業組合協會,1931 年,頁 16～24。

47. 臺灣總督府臨時臺灣舊慣調查會,《蕃族調查報告書·第一冊·大么族·前篇》,臺北:南天書局,1983 年。

48. 臺灣總督府臨時臺灣舊慣調查會著、中央研究院民族學研究所編譯,《蕃族調查報告·第六冊·布農族·前篇》,臺北:中央研究院民族學研究所,2008 年。

49. 藍蔭鼎,《教育所·圖画帖·教師用(一)》,臺北:臺灣總督府警務局,1935 年。

50. 藍蔭鼎,《教育所·圖画帖·教師用(二)》,臺北:臺灣總督府警務局,1935 年。

51. 藍蔭鼎,《教育所·圖画帖·教師用(三)》,臺北:臺灣總督府警務局,1935 年。

52. 藍蔭鼎,《教育所·圖画帖·教師用(四)》,臺北:臺灣總督府警務局,1935 年。

53. 藍蔭鼎,《教育所·略画帖》,臺北:臺灣總督府警務局,1936 年。

報　紙

1. 臺中市報編輯,〈公告〉,《臺中市報》,1926 年 6 月 17 日(第 356 號),頁 58。

2. 臺中市報編輯,〈敘任及辭令〉,《臺中市報》,1927 年 1 月 12 日(第 3 號),頁 3。

3. 臺中市報編輯,〈勸業事項〉,《臺中市報》,1927 年 3 月 26 日(第 24 號),頁 37。

4. 臺中市報編輯,〈敘任及辭令〉,《臺中市報》,1928 年 1 月 8 日(第 86 號),頁 1。

5. 臺中市報編輯,〈臺中市工藝傳習所規程左ノ通相定〉,《臺中市報》,1928 年 3 月 4 日(第 115 號),頁 45～46。

6. 臺中市報編輯,〈敘任及辭令〉,《臺中市報》,1929 年 1 月 5 日(第 176 號),頁 1。

7. 臺中市報編輯,〈昭和三年臺中市規則第二號臺中市工藝傳習所規則中左ノ通改正ス〉,《臺中市報》,1929 年 3 月 6 日(第 197 號),頁 29。

8. 臺中市報編輯,〈勸業事項〉,《臺中市報》,1930 年 10 月 16 日(第 302 號),頁 80～81。

9. 臺中市報編輯,〈臺中市工藝傳習所規程左ノ通リ改正ス〉,《臺中市報》,1931 年 3 月 21 日(第 327 號),頁 27～28。

10. 臺中市報編輯,〈臺中市工藝傳習所ノ位置テ當分ノ內臺中市新富町二丁目十四番地二移轉ス〉,《臺中市報》,1933 年 11 月 9 日(第 523 號),頁 125。

11. 臺中市報編輯，〈私立臺中工藝傳習所二於テ本年四月入學セシムベキ生徒左記ノ募集ス〉，《臺中市報》，1936 年 4 月 3 日（第 781 號），頁 44。

12. 臺中市報編輯，〈私立臺中工藝專修學校二於テ昭和十二年四月入學セシムベキ生徒チ左記要項二依リ募集二付入學希望者八所定ノ用紙二依リ三月三十一日迄二直接同校へ願書提出セラレタン〉，《臺中市報》，1937 年 3 月 21 日（第 897 號），頁 56。

13. 臺中市報編輯，〈私立臺中工藝專修學校二於テ昭和十三年四月入學セシムベキ生徒チ左記要項二依リ募集中二付入學希望者八所定ノ用紙二依リ四月五日迄二同校二出願セラレタン〉，《臺中市報》，1938 年 3 月 31 日（第 1046 號），頁 61。

14. 臺中市報編輯，〈昭和十六年四月入學セシムベキ生徒チ左記要項二依リ募集ス〉，《臺中市報》，1941 年 3 月 30 日（第 1491 號），頁 76。

15. 漢文臺灣日日新報編輯，〈本年新事業之　臺中工藝傳習所　自來四月開所〉，《漢文臺灣日日新報》，1928 年 2 月 2 日（日刊），版 04。

16. 漢文臺灣日日新報編輯，〈臺中教　展開於臺中公校〉，《漢文臺灣日日新報》，1930 年 10 月 5 日（日刊），版 04。

17. 漢文臺灣日日新報編輯，〈蕃產品展〉，《漢文臺灣日日新報》，1931 年 10 月 27 日（夕刊），版 n04。

18. 漢文臺灣日日新報編輯，〈臺中工藝品製造所　夜中發火全部燒失　軍隊消防組壯丁協力撲救〉，《漢文臺灣日日新報》，1933 年 11 月 10 日（夕刊），版 n04。

19. 漢文臺灣日日新報編輯，〈工藝傳習所　決定新築〉，《漢文臺灣日日新報》，1934 年 12 月 26 日（日刊），版 12。

20. 漢文臺灣日日新報編輯，〈工藝傳習所　舉落成式〉，《漢文臺灣日日新報》，1935 年 7 月 10 日（夕刊），版 n04。

21. 臺灣日日新報編輯，〈臺中商交會　幹事と評議員〉，《臺灣日日新報》，1924 年 11 月 5 日（夕刊），版 n01。

22. 臺灣日日新報編輯，〈臺中商交會改選幹部員〉，《臺灣日日新報》，1925 年 10 月 17 日（夕刊），版 n01。

23. 臺灣日日新報編輯，〈國庫補助　臺中工藝傳習所に〉，《臺灣日日新報》，1928 年 10 月 13 日（日刊），版 03。

24. 臺灣日日新報編輯，〈臺中公園を　もつと綺麗に　市當局の計畫〉，《臺灣日日新報》，1930 年 1 月 22 日（日刊），版 05。

25. 臺灣日日新報編輯，〈農民藝術展で本島から兩名受賞〉，《臺灣日日新報》，1930 年 5 月 29 日（日刊），版 04。

26. 臺灣日日新報編輯，〈臺中市／蓬萊漆器〉，《臺灣日日新報》，1935 年 12月 28 日（日刊），版 06。

27. 臺灣日日新報編輯，〈生徒作品展十七、十八兩日開催〉，《臺灣日日新報》，1938 年 12 月 17 日（日刊），版 05。

28. 臺灣日日新報編輯，〈工藝專修校展〉，《臺灣日日新報》，1939 年 12 月17 日（日刊），版 05。

29. 臺灣日日新報編輯，〈臺灣の工業化に理研が乘出す 手始に漆器工業を計畫〉，臺灣日日新報》，1940 年 3 月 12 日（日刊），版 03。

30. 臺灣日日新報編輯，〈臺灣殖漆會社 近く新竹に創立〉，《臺灣日日新報》，1940 年 8 月 30 日（日刊），版 02。

31. 臺灣日日新報編輯，〈理研の臺灣進出 新竹に漆器工場を新設〉，《臺灣日日新報》，1940 年 9 月 26 日（日刊），版 07。

32. 臺灣日日新報編輯，〈生駒弘氏（理化學電化工業工藝課長）〉，《臺灣日日新報》，1940 年 11 月 12 日（日刊），版 01。

33. 臺灣日日新報編輯，〈製作品展〉，《臺灣日日新報》，1940 年 12 月 13 日（日刊），版 04。

34. 臺灣日日新報編輯，〈臺灣植漆會社の 設立申請登記濟〉，《臺灣日日新報》，1941 年 1 月 9 日（夕刊），版 n02。

35. 臺灣日日新報編輯，〈鄉土工藝勃興のため 臺灣工藝協會誕生〉，《臺灣日日新報》，1941 年 9 月 1 日（日刊），版 02。

36. 臺灣日日新報編輯，〈臺中優良品展示會〉，《臺灣日日新報》，1942 年 3月 29 日（日刊），版 04。

37. 臺灣日本畫協會，《第八回臺灣美術展覽會圖錄》，臺北：臺灣日本畫協會，1934 年。

38. 臺灣新生報編輯，〈臺中建國工職學校未經立案奉令解散〉，《臺灣新生報》，1947 年 4 月 6 日，版 2。

中文專書

1. 王世襄，《髹飾錄解說：中國傳統漆工藝研究》，北京：文物出版社，1998年。

2. 王如哲，《臺灣蓬萊塗——郭双富歷年蒐藏漆器：2017 人文藝術季系列活動圖錄》，臺中：國立臺中教育大學人文學院，2017 年。

3. 王淑津，《南國‧紅霓‧鹽月桃甫》，臺北：行政院文化建設委員會，2009年。

4. 田哲益，《臺灣原住民歌謠與舞蹈》，臺北：武陵出版有限公司，2002 年。

5. 江瑞燐主編,《亞洲漆藝典藏展專輯暨研討會論文集》,南投:國立臺灣工藝研究發展中心,2017 年。

6. 何政廣,《臺灣美術全集・第二卷・陳進》,臺北:藝術家出版社,1992 年。

7. 呂紹理,《展示臺灣:權力、空間與殖民統治的形象表述》,臺北:麥田出版社,2011 年。

8. 何榮亮等,《賴高山漆藝創作研究專輯》,南投:國立臺灣工藝研究所,2005 年。

9. 佐藤春夫著、邱若山譯,〈日月潭遊記〉,《殖民地之旅》,臺北:前衛出版社,2016 年,頁 70～90。

10. 長北,《《髹飾錄》與東亞漆藝:傳統髹飾工藝體系研究》,北京:人民美術出版社,2013 年。

11. 林谷芳,《本土音樂的傳唱與欣賞》,臺北:國立傳統藝術中心籌備處,2000 年。

12. 姚村雄,《圖解臺灣製造:日治時期商品包裝設計》,臺中:晨星,2013 年。

13. 胡家瑜、崔伊蘭,《臺大人類學系伊能藏品研究》,臺北:國立臺灣大學出版中心,1998 年。

14. 施國隆等編輯,《世紀蓬萊塗:臺灣百年漆藝之美:山中公・陳火慶・賴高山・王清霜漆藝聯展》,臺中:文化資產局,2013 年。

15. 施翠峰,《臺灣原始藝術研究》,宜蘭:國立傳統藝術中心,2005 年。

16. 翁徐得,〈臺灣漆器工藝的源流〉,國立歷史博物館編輯,《清代漆藝文物特展:附展臺灣早期漆藝》,臺北:國立歷史博物館,1997 年,頁 24～45。

17. 翁徐得、黃麗淑,《高雄市立歷史博物館典藏專輯・漆器篇》,高雄:高雄市立歷史博物館,2003 年。

18. 翁徐得、黃麗淑,《漆器文物保存修護調查研究——以國史館臺灣文獻館典藏日治時期總督府日用漆器為例》,臺南:文化保存籌備處,2006 年。

19. 翁徐得、黃麗淑,《尋根與展望——臺灣的漆器》,臺北:商周編輯顧問,2010 年。

20. 翁徐得、黃麗淑、簡榮聰,《臺灣漆器文物風華:蓬萊塗漆器》,南投:南投縣民俗文物學會,2001 年。

21. 張良澤、高坂嘉玲主編,《日治時期(1895～1945)繪葉書:臺灣風景明信片・全島卷(上)》,新北:臺灣圖書館,2013 年。

22. 張良澤、高坂嘉玲主編,《日治時期(1895～1945)繪葉書:臺灣風景明信片・全島卷(下)》,新北:臺灣圖書館,2013 年。

23. 張良澤、高坂嘉玲主編,《日治時期(1895～1945)繪葉書:臺灣風景明信片・花蓮港廳、臺東廳卷》,新北:臺灣圖書館,2013年。

24. 陳宗仁,《世紀容顏:百年前的臺灣原住民圖像(上)》,臺北:國家圖書館,2003年。

25. 陳宗仁,《世紀容顏:百年前的臺灣原住民圖像(下)》,臺北:國家圖書館,2003年。

26. 陳芳明,《謝雪紅評傳》,臺北:前衛出版社,1996年。

27. 陳奇祿,《臺灣排灣群諸族木雕標本圖錄》,臺北:南天書局有限公司,1996年。

28. 黃麗淑計畫主持,《高雄市立歷史博物館漆器類典藏品研究案》,高雄:高雄市立歷史博物館,2003年。

29. 黃麗淑,《高雄市立歷史博物館典藏專輯:千文萬華:繽紛的漆藝世界》,高雄:高雄市立歷史博物館,2010年。

30. 黃麗淑計畫主持、翁徐得偕同主持,《漆器藝人陳火慶記憶保存與傳習規劃報告》,南投:臺灣省手工業研究所,1996年。

31. 楊孟哲,《日本統治時代の台湾美術教育》,東京都:同時代社,2006年。

32. 楊孟哲,《太陽旗下的美術課:臺灣日治時代美術教科書的歷程》,臺北:南天書局有限公司,2011年。

33. 廖新田,《臺灣美術四論:蠻荒/文明、自然/文化、認同/差異、純粹/混雜》,臺北:典藏藝術家庭出版,2008年。

34. 臺灣省行政長官公署教育處,《臺灣一年來之教育》,臺北:行政長官公署宣傳委員會,1946年。

35. 劉其偉,《臺灣原住民文化藝術》,臺北:雄獅圖書股份有公司,1995年。

33. 賴作明,《萬世絕學裏的臺灣漆器》,臺中:賴作明,2005年。

37. 鍾逸人,《辛酸六十年(上)》,臺北:前衛出版社,1993年。

38. 薛燕玲,《臺灣美術丹露叢書——日治時期臺灣美術的「地域色彩」》,臺中:國立臺灣美術館,2004年。

39. 簡榮聰,〈參、臺灣漆器的用與美——臺灣省文獻會「總督府漆器展」〉,簡榮聰等撰,《臺灣文物風華:兔年臺灣民俗文物大展專輯》,南投:臺灣省文化處,1999年,頁88～115。

40. 顏水龍,《臺灣工藝》:南投:國立臺灣工藝研究發展中心,2016年。

41. 顏娟英譯著,《風景心境:臺灣近代美術文獻導讀》,臺北:雄獅圖書股份有限公司,2001年。

期刊論文

1. 王淑津，〈高砂圖像——鹽月桃甫的臺灣原住民題材畫作〉，《何謂台灣？近代臺灣美術與文化認同論文集》，臺北：行政院文化建設委員會，1997年，頁116～144。

2. 朱玲瑤，〈日治時期漆器工藝的發展與演變〉，《藝術論壇》，第10期（2016年9月），頁1～38。

3. 江桂珍，〈「舊文物」與「新傳統」——烏來泰雅族族群工藝品到觀光紀念品的過度〉，《國立歷史博物館學報》，第34期（2006年10月），頁91～120。

4. 李東旭、王成民，〈淺談臺灣漆藝文化〉，《中國生漆》，第34卷第1期（2015年3月），頁18～21。

5. 何榮亮、賴作明，〈臺灣漆工藝發展之研究〉，《南京藝術學院學報——美術與設計版》，第2期（2004年），頁39～43。

6. 林宣宏，〈臺灣漆器發展淵源研究〉，《中國生漆》，第18卷第1期（2009年5月），頁37～38。

7. 姚村雄，〈日治時期臺灣包裝設計之視覺符號類型研究〉，《包裝設計學術與實務研討會論文集》，臺中：國立臺中技術學院商業設計系，2005年，頁323～332。

8. 翁徐得，〈蓬萊塗漆器——文化創意地方特色形塑的典範〉，莊美蓮總編輯，《蓬萊敘事——101年度漆藝師黃麗淑師生聯展專輯》，南投：臺灣漆文化協會，2012年，頁6～20。

9. 翁群儀，〈蓬萊塗——臺灣漆器的文化創意〉，《故宮文物月刊》，第303期（2008年），頁76～81。

10. 翁群儀、黃麗淑，〈1930年代臺灣漆器蓬萊塗之發展與設計特色分析〉，《臺灣文獻》，第61卷第2期（2010年），頁9～34。

11. 許世融、郭双富，〈山中家族與臺中漆器的發展〉，《世紀宏圖：臺中百年歷史回顧與展望——臺中驛、第二市場、七媽會和它的時代會議手冊》，臺中：臺中教育大學，2017年，頁43～73。

12. 陳國傑、蕭文杰，〈日據時期臺灣視覺藝術中的原住民圖像〉，《康寧學報》，第11期（2009年），頁107～126。

13. 陳翠蓮，〈二二八事件後被關閉的兩所臺灣人學校〉，《二二八事件六十周年紀念論文集》，臺北：臺北市文化局、二二八件念館，2008年，頁225～253。

學位論文

1. 王佩雯，《臺灣日治時期漆器的保存與修護——以高雄歷史博物館館藏漆器六組為例》，國立臺南藝術大學古物維護研究所碩士學位論文，2005年。

2. 翁菁曼,《臺灣漆藝文化研究》,南華大學視覺與媒體藝術系碩士學位論文,2012 年。

3. 翁群儀,《1930 年代の台湾漆器・蓬萊塗の意匠特質に関する調査・研究》,日本千葉大學工學研究科設計文化規劃實驗室碩士學位論文,2002 年。

4. 黃莉珺,《顏水龍原住民題材畫作研究》,國立成功大學藝術研究所碩士學位論文,2003 年。

5. 劉偉民,《殖民情境的影像再現——日治時期原住民明信片圖像研究》,國立成功大學藝術研究所碩士學位論文,2005 年。

網路資源

1. Facebook,〈10/28(六)29(日)台灣漆藝的起源地:蓬萊塗體驗 2 日工作坊〉,〈https://goo.gl/qXN1Mo〉,2018 年 5 月 8 日點閱。

2. 自由時報,〈技法台味濃 蓬萊塗漆器特展〉,2009 年 5 月 5 日發佈,〈http://news.ltn.com.tw/news/supplement/paper/300937〉,2018 年 5 月 7 日點閱。

3. 自由時報,〈工藝中心漆器研習成果展 臺灣「蓬萊塗」有特色〉,2015 年 12 月 26 日發布,〈http://news.ltn.com.tw/news/society/breakingnews/1552308〉,2018 年 5 月 8 日點閱。

4. 看見臺灣歷史——國立臺灣歷史博物館典藏網,〈http://collections.culture.tw/nmth_collectionsweb/AAA/collections_Search.aspx〉,2018 年 3 月 7 日點閱。

5. 高雄市立歷史博物館,〈蓬萊塗風華——高博館典藏漆器特展〉,〈http://khm.org.tw/home02.aspx?ID=$2004&IDK=2&EXEC=D&DATA=3028&AP=$2004_HISTORY-0〉,2018 年 5 月 7 日點閱。

6. 高雄市立歷史博物館,〈「漆遊・記——典藏漆器特展」規劃設計製作案〉,〈http://khm.org.tw/home02.aspx?ID=$1009&IDK=2&EXEC=D&DATA=3747&AP=$1009_HISTORY-0〉,2018 年 5 月 7 日點閱。

7. 高雄市立歷史博物館典藏查詢系統,〈http://collection.khm.gov.tw/〉,2018 年 3 月 7 日點閱。

8. 國立臺北科技大學進修部推廣教育中心,〈葫蘆墩技藝傳承訓練(師匠教學)〉,〈https://goo.gl/FMaKMR〉,2018 年 5 月 8 日點閱。

9. 國立臺灣工藝發展研究中心,〈104 漆器人才培育計畫——漆藝窄門初階研習營〉,〈https://goo.gl/Gr3Y7D〉,2018 年 5 月 8 日點閱。

10. 臺中市文化資產處,〈新聞:蓬萊寶島好技藝——吳樹發蓬萊塗漆工藝研習首辦成果展〉,〈https://goo.gl/8sdSwr〉,2018 年 5 月 8 日點閱。

11. 臺中市文化資產處,〈107 年蓬萊塗漆工藝研習〉,〈http://www.tchac. taichung. gov.tw/information?uid=5&pid=3286〉,2018 年 5 月 8 日點閱。

12. 漆彩好禮百年好盒,〈【豐園漆器實作課程】豐園蓬萊塗藝師傳承系列(一) 第 1 期～招生資訊〉,〈https://goo.gl/CDxHZF〉,2018 年 5 月 8 日點閱。

附件一：高雄市立歷史博物館漆器文物普查調查研究表

　　根據《文化資產保存法》第六十五條：「古物依其珍貴稀有價值，分為國寶、重要古物及一般古物。」本研究所使用的樣本中，高雄市立歷史博物館所藏的「朱漆彩繪杵歌紋小瓶」、及「木雕彩繪原住民圖紋漆煙具組」已登錄為文化資產「一般古物」。〔註1〕經本文對於「蓬萊漆器」的歷史、藝術等價值研究後，為此二件文物填寫第二階段的「文物普查調查研究表」。

文物普查調查研究表（第二階段）

*專案名稱	《日治時期臺灣「蓬萊漆器」中原住民題材作品研究》		
專案年度計畫編號	□□□□□□□□□□		
*保管單位資訊	*保管單位名稱	高雄市立歷史博物館	單位代號	**系統產生**
	*保管單位屬性	■G公有　□P私有　□C自然人（個人）		
	*所有人或管理人之姓名	王御風	*主管機關	高雄市政府文化局
	所有人或管理人連絡訊息	電話：（07）5312560 Email：khmsev@khm.org.tw		
	*保管單位地址	80347 高雄市鹽埕區中正四路 272 號		
	*文物保存所在地	庫房		
	■願意公開文物所在詳細地址　□不公開　　縣（市）　　鄉鎮市區		

〔註1〕「朱漆彩繪杵歌紋小瓶」於 2009 年 1 月 14 日〈高市府史博字第 0980003064 號〉公告為文化資產「一般古物」；「木雕彩繪原住民圖紋漆煙具組」於 2009 年 1 月 14 日〈高市府史博字第 0980003064 號〉公告為文化資產「一般古物」。

文物地址	■文物地址同保管單位		
	縣(市) 鄉鎮市區 村里 鄰 路(街) 段 巷 號 樓		
*保存空間屬性	□寺廟 □教堂 □祠堂 □宅第 □民俗團體 □部落 □學校 ■博物館、圖書館 □金融設施 □醫療衛生設施 □研究設施 □產業設施 □公務設施 □國防設施 □遺址 □其他		
*保存空間文資身分	■古蹟 □歷史建築 □紀念建築 □聚落建築群 □考古遺址 □史蹟□文化景觀 □無文資身份		

*文物名稱	朱漆彩繪杵歌紋小瓶		
*研究建議名稱	朱漆磨顯填漆杵歌紋矮胖瓶		
*文物普查編號	075312560-C-106-0001		
典藏或財產編號	KH2003.012.009		
*數量	__1__ 件 □ 一案多件或附屬文物清單		
重要附屬物			
*尺寸（cm）	最寬 9.4 / 口徑 2.6/ 底徑 5.2 / 高 9.8	*照片資訊	
傳統尺寸或原尺寸紀錄		照片來源：黃麗淑，《高雄市立歷史博物館典藏專輯：千文萬華：繽紛的漆藝世界》，(高雄：高雄市立歷史博物館，2010 年)，頁 102。	
重量	231g	授權說明：照片版權屬高雄市立歷史博物館所有	
*主要材質	木胎漆器		
*年代	日治時期 （1895 年～1945 年）	文物紀年 （西元）	無
紀年銘文或題款、版本	日月潭杵歌		
作者	不明	作者生卒年	不明
產地	不明	製作技法	車旋木胎、磨顯填漆
*出處或來源	□受贈 時間： 捐贈者：		
	■購藏（徵集） 時間：2003 年購藏（徵集）對象：葉茂雄		
	□移撥 時間： 移交單位：		
	□發掘 時間： 遺址名稱/地點/GPS：		
	□採集 時間： 地點（部落）：		
	□既存（繼承） 已知最早既存時間： 地點：		

	□其它（不詳）：		
	來源其他紀錄：		
*文物綜合描述 （形制、紋飾、技法或文獻內容重點、落款、印章、版本等或科學檢測）	木胎漆瓶，木胎由車旋製成，內部車削為錐狀，未髹漆。器身渾圓，斂口、平肩、腹微鼓、底部稍收、下收假圈足、平底。以朱漆為地，上描繪「杵歌」母題，三名原住民女性呈直線分布，一人面對觀者，兩人背對觀者，手中拿杵，杵的高度幾乎一致，頭部帶有頭巾，梳低馬尾，上衣有內襯與長至腰的外罩，肩部及前襟有條紋裝飾，下半身則為長至小腿肚的裙，以條紋裝飾分隔四個區域，中間以波浪紋裝飾，不穿鞋，顏色以綠、白、紅、黑為主。紋飾繪於器腹，肩部以上留白，畫面僅佔瓶身約二分之一，背部留白，畫面構圖完整，具有景深。紋飾多以色塊描繪，細節處以在漆乾燥前刮除的方式刻畫，筆觸粗曠。器身以黃漆書寫款文「日月潭杵歌」。		
重要事件影響描述（史事文物必填）			
名家（人）重要事蹟及影響描述（藝術文物必填）			
口訪紀錄（重要訪談資訊）	□口述史料記錄表份（每位訪談對象各別填表或另附檔案）		
*保存環境	■庫房或展覽空間	管理維護	■溫度控制 ■濕度控制 ■防震措施 ■消防措施 ■保全 ■展示櫃（架） □特設防護：＿＿＿＿＿＿＿＿＿
	□半開放空間（如廟宇或公共建築等）		
	□戶外空間		□其他：＿＿＿＿＿＿＿＿＿＿＿
	□其他：＿		□無（複選）
*保存現況檢視	*目前現況 ■狀況穩定　　□狀況不良，需維護　　□傷損嚴重，急需修護		
	說明：口緣剝漆，表面刮痕，整體狀況穩定。		
環境改善建議	置於通風、濕度穩定、陽光無法直射處，定時清潔表面灰塵。		
*文物提報類別（參考文資法第3條及施行細則第7條，單選）	■藝術作品 （應用各類媒材技法創作具賞析價值之作品）	□書法、碑帖 □繪畫　　　□織繡　　　□影像創作 □雕塑　　■工藝美術　□複合媒材創作 □其他＿＿＿＿＿＿	
	□生活及儀禮器物 （各類材質製作能反映生活方式、宗教信仰、政經、社會或科學之器物）	□信仰及儀禮器物	如造像、供器、法器、祭器、儀仗、禮器及各類民俗、信仰、節慶之相關儀禮用器等
		□生活器物	如飲食器皿、烹飪器具、酒器、茶具、梳妝及盥洗用具、服飾、家具、貨幣、文具、樂器、棋具、體育用品、通訊器材、醫療器具等
		□產業機具	農/林/漁/牧/礦業及商業、傳統製造業、工業之工具與機器，如農具、碾米機、漁獵用具、墨斗、魯班尺、度量衡器、織機、鉛字版印刷機等

		☐交通工具	如人力車、車輛、船舶、航空器等交通工具及相關器具與設備
		☐軍事設備	如兵器、火砲、防護器材、戰車、軍艦及軍用運輸、通訊、觀測裝備、軍事用品等
		☐公務器具	如司法、獄政、衛生、公安、消防、公眾服務等之器具及設備
		☐教育、科研用具	教育、調查、觀測、科學研究之用具或儀器設施
		☐其他	
	☐圖書文獻及影音資料 （以各類媒材記錄或傳播訊息、事件、知識或思想等之載體）	☐圖書、報刊	如善本古籍、活字本、稿本、寫本、抄本及刻版等，具有意義或稀有之書籍、報刊、海報、傳單等印刷品等。
		☐公文書	公事申請、登記、告示、證照等文件與官方調查報告，如國書、法典、宮中檔、軍機檔、墾照、地方志、寺廟台帳、駐守日誌、訴訟書狀、外交、軍事、內政治理之公文檔案及記錄文書。
		☐圖繪	如地圖、海圖、航圖、圖譜、風俗圖、設計圖、工程圖、營建圖、拓片圖、測繪圖等
		宗教經典	如佛經、道藏、聖經、塔納赫、古蘭經、吠陀等，寫本、稀有版本或刻版
		傳統知識、技藝、藝能、儀軌之傳本	如藥方、寸白簿、匠師圖稿、口訣、劇本、曲簿、科儀本、咒簿等
		☐影音資料	如照片、底片、膠捲、磁帶、唱片或其他媒材之影音資料
		☐契約、（家）族譜、票證	人事、商事、財產、房地、水利等借貸、買賣合約及記錄，如帳冊、貨單、宗譜、族譜、家譜、番字契、水租契、招婚契等
		☐古代文字、各族群語言紀錄	如甲骨文、新港文書等
		☐名人或名家手稿、手迹、信函、日誌等	
		☐碑碣、匾額、楹聯、旗幟、印信等具史料價值之文物	
		☐其他	
	☐其他	說明：	
其他法定身分	檔案法：☐永久保存檔案 　　　　☐定期保存檔案　保存年限＿＿＿＿＿＿		
	國產法：☐公用財產 　　　　☐非公用財產　登記時間：＿＿＿＿＿＿		
	審計法：☐珍貴動產　登記時間：＿＿＿＿＿＿		

*文化資產保存法	□國寶　公告時間：＿＿＿＿＿＿＿			
	□重要古物公告時間：＿＿＿＿＿＿			
	■一般古物　公告時間：　2009 年 1 月 14 日			
	□列冊追蹤時間：			
	□尚未具文資身份			
*建議級別	□國寶	□重要古物	■一般古物	□列冊追蹤
*建議分級基準（可複選）	□能表現傳統、族群或地方之風俗、記憶及傳說、信仰、技藝或生活文化特色之典型。 □歷代著名人物、國家重大事件之代表性。 □能反映政治、經濟、社會、人文、藝術、科學等歷史變遷或時代特色之代表性。 □具有獨特藝術造詣或科學成就。 □獨一無二或不可替代性。 □對知識、技術或流派發展具特殊影響或意義。	□能表現傳統、族群或地方之風俗、記憶及傳說、信仰、技藝或生活文化之重要特色。 □重要人物或重大歷史事件。 □能反映政治、經濟、社會、人文、藝術、科學等歷史變遷或時代之重要特色。 □具有重要藝術造詣或科學成就。 □數量特別稀少或具完整性保存意義者。 □對知識、技術或流派發展具重要影響或意義。	□具有地方或族群之風俗、記憶及傳說、信仰、傳統技術、藝能或生活文化特色。 □具有地方重要人物或歷史事件之深厚淵源。 ■能反映政治、經濟、社會、人文、藝術、科學等歷史變遷或時代特色。 □具有藝術造詣或科學成就。 □數量稀少者。 □對地方或族群知識、技術或流派發展具影響或意義。	理由：
*文化資產價值論述（請依上列勾選之分級基準分項描述）	時代價值：「蓬萊漆器」為二十世紀前半富有殖民色彩的商品。 品質：「蓬萊漆器」數量不少但多品質粗劣，此文物無論在製作工藝及題材細緻程度，在蓬萊漆器中均屬於較高品質的作品。 研究人員：吳巧文			
研究參考文獻	吳巧文，《日治時期臺灣「蓬萊漆器」中原住民題材作品研究》，(國立臺南藝術大學：藝術史評與古物研究所碩士論文，2018 年)，頁 35～38。 黃麗淑，《高雄市立歷史博物館典藏專輯：千文萬華：繽紛的漆藝世界》，(高雄：高雄市立歷史博物館，2010 年)，頁 102。			
*填表人員	吳巧文	填表日期	2018/05/31	
填表單位	國立臺南藝術大學藝術史評與古物研究碩士班	＊連絡方式		
備註				

註 1：「＊」表示此為必填欄位。
註 2：表件問題，請聯繫文化部文資局古物科，04～22295848#133。

相關照片

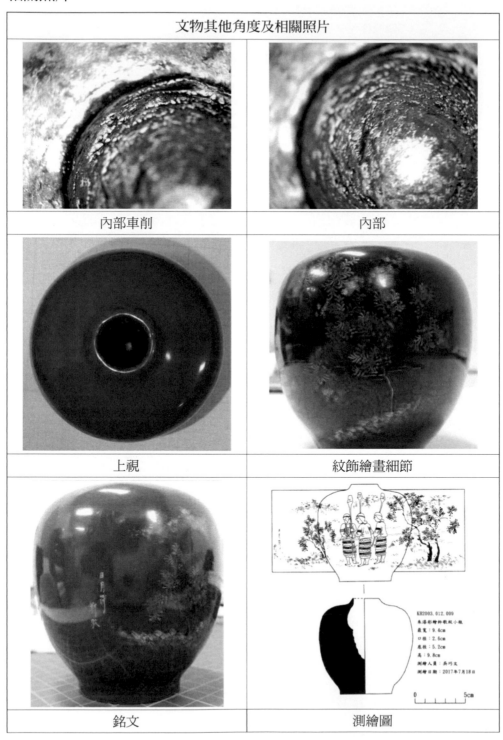

文物其他角度及相關照片	
內部車削	內部
上視	紋飾繪畫細節
銘文	測繪圖

顯微放大照片

口緣露胎處（放大 50 倍）	山（放大 50 倍）
山（放大 200 倍）	衣服（放大 50 倍）
衣服（放大 200 倍）	

照片資訊	攝影時間：2017/07/18 攝影者：吳巧文 授權說明：執行單位授權公開傳輸之圖片

註：本頁欄位可自行增減。

文物普查調查研究表（第二階段）

*專案名稱	《日治時期臺灣「蓬萊漆器」中原住民題材作品研究》		
專案年度計畫編號	□□□□□□□□□□補助計畫由文化部文資局給予其他類型依規定自行編碼		
*保管單位資訊	*保管單位名稱	高雄市立歷史博物館	單位代號　系統產生
	*保管單位屬性	■G 公有　□ P 私有　□ C 自然人（個人）	
	*所有人或管理人之姓名	王御風	*主管機關　高雄市政府文化局
	所有人或管理人連絡訊息	電話：（07）5312560　　Email：khmsev@khm.org.tw	
	*保管單位地址	80347 高雄市鹽埕區中正四路 272 號	
	*文物保存所在地	庫房	
	■願意公開文物所在詳細地址　□不公開　　縣（市）鄉　　鎮市區		
	文物地址	■文物地址同保管單位	
	*保存空間屬性	□寺廟　□教堂　□祠堂　□宅第　　□民俗團體　□部落　□學校　■博物館、圖書館　□金融設施　□醫療衛生設施　□研究設施　□產業設施　□公務設施　□國防設施　□遺址　□其他	
	*保存空間文資身分	■古蹟　□歷史建築　□紀念建築　□聚落建築群　□考古遺址　□史蹟□文化景觀　□無文資身份	
*文物名稱	木雕彩繪原住民圖紋漆煙具組		
*研究建議名稱	木雕彩漆幾何紋煙具組		
*文物普查編號	075312560-C-106-0002		
典藏或財產編號	KH2005.017.001		
*數量	＿＿5＿＿件　■一案多件或附屬文物清單		
重要附屬物	托盤、舟形器、舟形器蓋、菸灰缸、火柴盒		
*尺寸（cm）	詳一案多件或附屬文物清單		
傳統尺寸或原尺寸紀錄			
重量	詳一案多件或附屬文物清單		
*主要材質	疑為椰子胎漆器、木胎漆器		

*照片資訊

攝影時間：2017/07/19 攝影者：吳巧文
授權說明：執行單位授權公開傳輸之圖片

*年代	日治時期（1895 年~1945 年）	文物紀年 （西元）	無
紀年銘文或 題款、版本	無		
作者	不明	作者生卒年	不明
產地	不明	製作技法	雕刻胎體、雕木彩漆

*出處或來源	□受贈　時間：　　　　　　　捐贈者：
	■購藏（徵集）　時間：2005 年購藏（徵集）對象：葉茂雄
	□移撥　時間：　　　　　　　移交單位：
	□發掘　時間：　　　　　　　遺址名稱/地點/GPS：
	□採集　時間：　　　　　　　地點（部落）：
	□既存（繼承）　已知最早既存時間：　　　　　　地點：
	□其它（不詳）：
	來源其他紀錄：

*文物綜合描述 （形制、紋飾、技法 或文獻內容重點、 落款、印章、版本 等或科學檢測）	一套煙具組，包括托盤、舟形帶蓋煙盒、煙灰缸、火柴架。托盤呈圓角長方形，斜壁、木胎，四面雕刻鋸齒紋。舟形器盒造型似達悟族的獨木舟，兩端錐狀上翹，帶半圓形蓋，器身短寬，且胎體孔洞較大，推測為椰子胎。以褐漆為地，船身雕刻幾何紋為邊飾，並開光，開光內雕刻「肢體相連人像」。煙灰缸，斂口、寬腹、平底，胎體孔洞較大，推測為椰子胎，器身四面雕刻幾何頭像紋。火柴架為半圓型，中間以長方形版相連、木胎，兩側雕刻菱形紋。 全器以「雕木彩漆」技法裝飾，色彩包含白色、紅色、褐色、黑色等，幾乎全器均以金粉裝飾。
重要事件影響 描述 （史事文物必填）	
名家（人）重 要事蹟及影響 描述 （藝術文物必填）	
口訪紀錄 （重要訪談資訊）	
	□口述史料記錄表份（每位訪談對象各別填表或另附檔案）

*保存環境	■庫房或展覽空間	管 理 維 護	■溫度控制　■濕度控制　■防震措施
	□半開放空間（如廟宇或 公共建築等）		■消防措施　■保全■展示櫃（架）
			□特設防護：＿＿＿＿＿＿＿＿＿＿
	□戶外空間		□其他：＿＿＿＿＿＿＿＿＿＿＿＿
	□其他：＿＿＿＿＿＿		□無（複選）

*保存現況檢視	*目前現況　■狀況穩定　□狀況不良，需維護　□傷損嚴重，急需修護
	說明：表面刮痕，整體狀況穩定。

環境改善建議	置於通風、濕度穩定、陽光無法直射處，定時清潔表面灰塵。		
*文物提報類別 （參考文資法第 3 條及施行細則第 7 條，單選）	■藝術作品 （應用各類媒材技法創作具賞析價值之作品）	□書法、碑帖　　□繪畫　　□織繡　　□影像創作 □雕塑　　　　　■工藝美術　　　　□複合媒材創作 □其他＿＿＿＿＿＿＿	
	□生活及儀禮器物 （各類材質製作能反映生活方式、宗教信仰、政經、社會或科學之器物）	□信仰及儀禮器物	如造像、供器、法器、祭器、儀仗、禮器及各類民俗、信仰、節慶之相關儀禮用器等
		□生活器物	如飲食器皿、烹飪器具、酒器、茶具、梳妝及盥洗用具、服飾、家具、貨幣、文具、樂器、棋具、體育用具、通訊器材、醫療器具等
		□產業機具	農/林/漁/牧/礦業及商業、傳統製造業、工業之工具與機器，如農具、碾米機、漁獵用具、墨斗、魯班尺、度量衡器、織機、鉛字版印刷機等
		□交通工具	如人力車、車輛、船舶、航空器等交通工具及相關器具與設備
		□軍事設備	如兵器、火砲、防護器材、戰車、軍艦及軍用運輸、通訊、觀測裝備、軍事用品等
		□公務器具	如司法、獄政、衛生、公安、消防、公眾服務等之器具及設備
		□教育、科研用具	教育、調查、觀測、科學研究之用具或儀器設施
		□其他	
	□圖書文獻及影音資料 （以各類媒材記錄或傳播訊息、事件、知識或思想等之載體）	□圖書、報刊	如善本古籍、活字本、稿本、寫本、抄本及刻版等，具有意義或稀有之書籍、報刊、海報、傳單等印刷品等。
		□公文書	公事申請、登記、告示、證照等文件與官方調查報告，如國書、法典、宮中檔、軍機檔、墾照、地方志、寺廟台帳、駐守日誌、訴訟書狀、外交、軍事、內政治理之公文檔案及記錄文書。
		□圖繪	如地圖、海圖、航圖、圖譜、風俗圖、設計圖、工程圖、營建圖、拓片圖、測繪圖等
		□宗教經典	如佛經、道藏、聖經、塔納赫、古蘭經、吠陀等，寫本、稀有版本或刻版
		□傳統知識、技藝、藝能、儀軌之傳本	如藥方、寸白簿、匠師圖稿、口訣、劇本、曲簿、科儀本、咒簿等
		□影音資料	如照片、底片、膠捲、磁帶、唱片或其他媒材之影音資料

		□契約、(家)族譜、票證	人事、商事、財產、房地、水利等借貸、買賣合約及記錄，如帳冊、貨單、宗譜、族譜、家譜、番字契、水租契、招婚契等
		□古代文字、各族群語言紀錄	如甲骨文、新港文書等
		□名人或名家手稿、手迹、信函、日誌等	
		□碑碣、匾額、楹聯、旗幟、印信等具史料價值之文物	
		□其他	
	□其他	說明：	

其他法定身分	檔案法：□永久保存檔案　　　　　　□定期保存檔案 保存年限_____
	國產法：□公用財產　　　　　　□非公用財產　登記時間：_____
	審計法：□珍貴動產　登記時間：_____

*文化資產保存法	□國寶　公告時間：_____ □重要古物　公告時間：_____ ■一般古物　公告時間：　2009 年 1 月 14 日　 □列冊追蹤　時間：_____ □尚未具文資身份

*建議級別	□國寶	□重要古物	■一般古物	□列冊追蹤
*建議分級基準 （可複選）	□能表現傳統、族群或地方之風俗、記憶及傳說、信仰、技藝或生活文化特色之典型。 □歷代著名人物、國家重大事件之代表性。 □能反映政治、經濟、社會、人文、藝術、科學等歷史變遷或時代特色之代表性。 □具有獨特藝術造詣或科學成就。 □獨一無二或不可替代性。 □對知識、技術或流派發展具特殊影響或意義。	□能表現傳統、族群或地方之風俗、記憶及傳說、信仰、技藝或生活文化之重要特色。 □重要人物或重大歷史事件。 □能反映政治、經濟、社會、人文、藝術、科學等歷史變遷或時代之重要特色。 □具有重要藝術造詣或科學成就。 □數量特別稀少或具完整性保存意義者。 □對知識、技術或流派發展具重要影響或意義。	□具有地方或族群之風俗、記憶及傳說、信仰、傳統技術、藝能或生活文化特色。 □具有地方重要人物或歷史事件之深厚淵源。 ■能反映政治、經濟、社會、人文、藝術、科學等歷史變遷或時代特色。 □具有藝術造詣或科學成就。 □數量稀少者。 □對地方或族群知識、技術或流派發展具影響或意義。	理由：

*文化資產價值論述 （請依上列勾選之分級基準分項描述）	時代價值：「蓬萊漆器」為二十世紀前半富有殖民色彩的商品。 品質：「蓬萊漆器」數量不少但多品質粗劣，此文物無論在製作工藝及題材細緻程度，在「蓬萊漆器」中均屬於較高品質的作品。 器形：以獨木舟的形狀作為盒子的器形特別，且具有托盤、菸灰缸、火柴盒整組的煙具組較為少見。		
	研究人員：吳巧文		
研究參考文獻	吳巧文，《日治時期臺灣「蓬萊漆器」中原住民題材作品研究》，（國立臺南藝術大學：藝術史評與古物研究所碩士論文，2018 年），頁 48～49、89～90。 黃麗淑，《高雄市立歷史博物館典藏專輯：千文萬華：繽紛的漆藝世界》，（高雄：高雄市立歷史博物館，2010 年），頁 119。		
*填表人員	吳巧文	填表日期	2018/05/31
填表單位	國立臺南藝術大學藝術史評與古物研究碩士班	＊連絡方式	
備註			

註 1：「＊」表示此為必填欄位。
註 2：表件問題，請聯繫文化部文資局古物科，04-22295848#133。

相關照片

文物其他角度及相關照片	
舟形器器蓋——紋飾細節（撒金粉）	舟形器器身——紋飾細節（撒金粉）
舟形器器身——紋飾細節（撒金粉）	舟形器——胎體孔隙

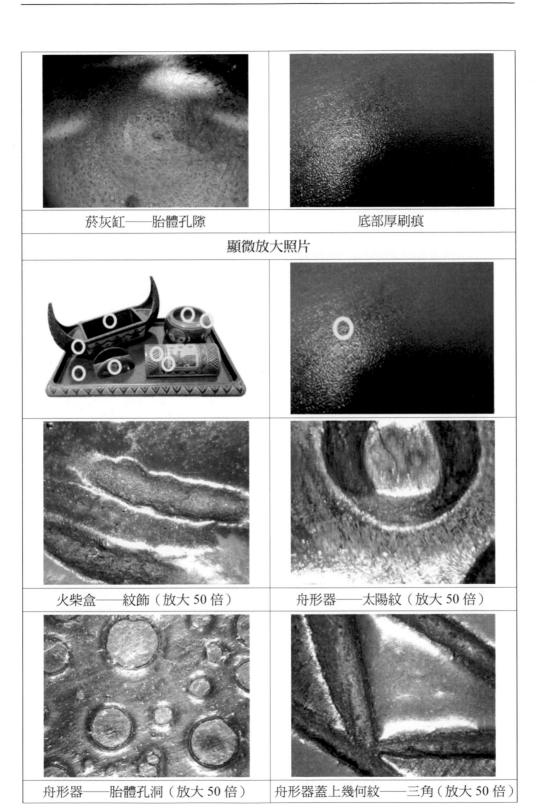

菸灰缸——胎體孔隙	底部厚刷痕

顯微放大照片

火柴盒——紋飾（放大 50 倍）	舟形器——太陽紋（放大 50 倍）
舟形器——胎體孔洞（放大 50 倍）	舟形器蓋上幾何紋——三角（放大 50 倍）

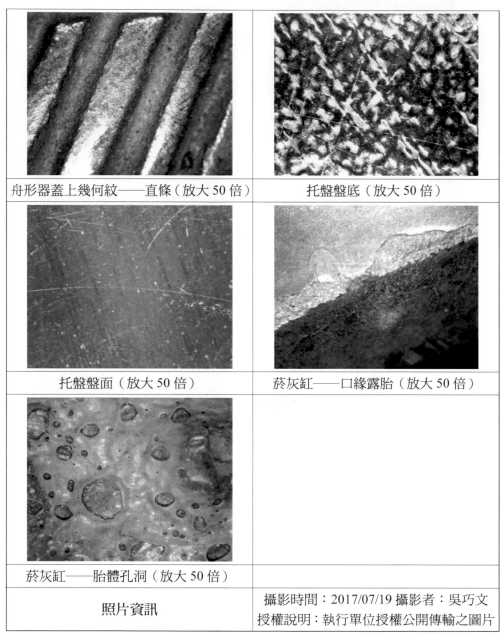

舟形器蓋上幾何紋——直條（放大 50 倍）	托盤盤底（放大 50 倍）
托盤盤面（放大 50 倍）	菸灰缸——口緣露胎（放大 50 倍）
菸灰缸——胎體孔洞（放大 50 倍）	
照片資訊	攝影時間：2017/07/19 攝影者：吳巧文 授權說明：執行單位授權公開傳輸之圖片

註：本頁欄位可自行增減。

附件 1

一案多件或附屬文物清單（共 5 件）

專案名稱	《日治時期臺灣「蓬萊漆器」中原住民題材作品研究》		
*本案文物名稱	木雕彩漆幾何紋煙具組	*文物普查編號	075312560-C-106-0002

*序號	*文物名稱	尺寸（cm）	材質	圖片	備註或其他基本資訊
01	木雕彩漆幾何紋煙具組——托盤	長 27 / 寬 17.8 / 高 1.8	木胎漆器		重 260g
02	木雕彩漆幾何紋煙具組——舟形器	長 13.3 / 寬 19 / 高 10.3	疑為椰子胎漆器		重 91g
03	木雕彩漆幾何紋煙具組——舟形器蓋		疑為椰子胎漆器		
03	木雕彩漆幾何紋煙具組——菸灰缸	寬 7.8 / 高 4.6 / 口徑 5.8 / 底徑 6.5	疑為椰子胎漆器		重 49g
04	木雕彩漆幾何紋煙具組——火柴盒	長 6.1 / 寬 3.1 / 高 3	木胎漆器		重 15g
照片資訊	攝影時間：2017/07/19　　　　　攝影者：吳巧文 授權說明：執行單位授權公開傳輸之圖片				

註 1：一案多件文物者（2 件以上）或含多件附屬物件，請填附本清單。亦可檢附保管單位現有之文物清單。

註 2：本頁欄位可自行增減。

附件二：國立臺灣工藝研究發展中心漆器文物普查調查研究表

根據《文物普查列冊追蹤作業應注意事項》第五條第二項「文物調查研究」：

> 以文物之文化資產價值研究為目的，針對普查建檔文物中具一般古物以上價值者，進行歷史、藝術與科學等價值之調查研究，提供保存維護建議，並對文物作是否指定之建議，研擬建議指定理由及依據基準等。

本研究所使用的樣本中，國立臺灣工藝研究發展中心所藏的「蓬萊塗硯盒」，經本文對於「蓬萊漆器」的歷史、藝術等價值研究後，認為此文物具有文化資產「一般古物」的價值，因此填寫第二階段的「文物普查調查研究表」，為其價值、保存維護等提出建議。

文物普查調查研究表（第二階段）

*專案名稱	《日治時期臺灣「蓬萊漆器」中原住民題材作品研究》		
專案年度計畫編號	☐☐☐☐☐☐☐☐☐☐		
*保管單位資訊	*保管單位名稱	國立臺灣工藝研究發展中心	單位代號	系統產生
	*保管單位屬性	■G 公有　☐ P 私有　☐ C 自然人（個人）		
	*所有人或管理人之姓名	許耿修	*主管機關	南投縣政府文化局
	所有人或管理人連絡訊息	電話：（049）2334-141　Email：hkh0585@ntcri.gov.tw		
	*保管單位地址	南投縣草屯鎮中正路 573 號		
	*文物保存所在地	南投縣草屯鎮中正路 573 號		

	■願意公開文物所在詳細地址　　□不公開　　縣（市）　　　　鄉鎮市區		
	文物地址	■文物地址同保管單位	
	縣(市)　　鄉鎮市區　　村里　　鄰　　路(街)　　段　　弄　　號　　樓		
	*保存空間屬性	□寺廟　□教堂　□祠堂　□宅第　　□民俗團體 □部落　□學校　■博物館、圖書館　□金融設施 □醫療衛生設施　□研究設施　□產業設施 □公務設施　□國防設施　□遺址　□其他	
	*保存空間文資身分	□古蹟　□歷史建築　□紀念建築　□聚落建築群 □考古遺址　□史蹟　□文化景觀　■無文資身份	
*文物名稱	蓬萊塗硯盒		
*研究建議名稱	雕木彩漆杵歌紋方盒		
*文物普查編號	0492334141-C-106-0001		
典藏或財產編號	201304008		
*數量	＿3＿件		
	■一案多件或附屬文物清單		
重要附屬物	盒、蓋、隔板		
*尺寸（cm）	總長 28.9/寬 22.6/高 6.1 詳一案多件或附屬文物清單		
		*照片資訊	
傳統尺寸或 原尺寸紀錄		攝影時間：2017/09/05 攝影者：吳巧文 授權說明：照片版權屬國立臺灣工藝研究發 展中心所有	
重量	總重 697g		
*主要材質	木胎漆器		
*年代	日治時期（1895 年~1945 年）	文物紀年 （西元）	無
紀年銘文或 題款、版本	無		
作者	山中公	作者生卒年	1884～1949
產地	臺中	製作技法	雕木彩漆
*出處或來源	■受贈　時間：2013 年　　　　　捐贈者：　山中美子		
	□購藏（徵集）　時間：　　　購藏（徵集）對象：		
	□移撥　時間：　　　　移交單位：		
	□發掘　時間：　　　遺址名稱/地點/GPS：		
	□採集　時間：　　　地點（部落）：		

	□既存（繼承） 已知最早既存時間： 地點：
	□其它（不詳）：
	來源其他紀錄：
＊文物綜合描述 （形制、紋飾、技法或文獻內容重點、落款、印章、版本等或科學檢測）	木胎漆盒，帶蓋，內有一隔板，蓋面填滿紋飾，以褐漆為地，蓋面及盒身邊緣以幾盒紋飾帶裝飾，蓋面中心雕刻「杵歌」母題，蓋面四周以影線三角連續紋為框，內雕刻四名持杵原住民女性，旁有香蕉樹，中景湖水留白，遠景山脈，並使用紅、綠、褐等色及大量金粉裝飾，畫面色塊工整，大色塊筆觸明顯。 為目前所見唯一一件確認由山中公所製作的「蓬萊漆器」，作為主要母題的杵歌呈現標準近景祭儀、中景湖水、遠景高山的構圖，雕刻深度較深，接近淺浮雕，刻痕中有未將刻除的木屑清理乾淨就上漆所形成的點狀突起，湖水以平行橫條紋表示。
重要事件影響描述 （史事文物必填）	
名家（人）重要事蹟及影響描述 （藝術文物必填）	2013 年山中公的女兒山中美子，將其父親的作品，包含「雕木彩漆杵歌紋方盒」在內等 162 件文物捐於國立臺灣工藝研究發展中心。 山中公原姓甲谷（こうたに），明治十九年（1884 年）出生於四國香川縣高松市，後轉籍至奈良縣奈良市椿井町。明治四十一年（1906 年）畢業於東京美術學校漆工科，師從白山松哉（しらやま しょうさい，1853～1932）。大正五年（1916 年）來臺，至大正七年（1918 年）開始製作「蓬萊漆器」，並在臺中物產陳列館（行啟紀念館）販售。甲谷公於大正十年（1921 年）與妻子東チカ一同被開設高級日本料理店「富貴亭」的山中龜治郎所收養。大正十二年（1923 年）山中公創「山中工藝品製作所」及「株式會社臺中工藝製作所」。 公共事務方面，大正十三年至十四年（1924～1925）任「臺中商交會」評議員，昭和二年至昭和四年（1927～1929）任「臺中市新富町委員」，昭和十六年（1941 年）擔任「臺中州家具裝飾商組合」代表人，並與宮城三郎、松井七郎等人發起於高雄商工獎勵館所成立的「臺灣工藝協會」。 戰後昭和二十一年（1946 年）山中公返回日本，於昭和二十四年（1949 年）去世，年六十五。
口訪紀錄 （重要訪談資訊）	無
	□口述史料記錄表份（每位訪談對象各別填表或另附檔案）

＊保存環境	■庫房或展覽空間	**管理維護**	■溫度控制　■濕度控制　■防震措施
			■消防措施　■保全　■展示櫃（架）
	□半開放空間（如廟宇或公共建築等）		□特設防護：＿＿＿＿＿＿＿＿＿＿
			□其他：＿＿＿＿＿＿＿＿＿＿＿＿
	□戶外空間		□無（複選）
	□其他：＿＿＿＿＿＿		

＊保存現況檢視	＊目前現況　■狀況穩定　□狀況不良，需維護　□傷損嚴重，急需修護
	說明：胎體裂縫、表面刮痕，整體狀況穩定。
環境改善建議	置於通風、濕度穩定、陽光無法直射處，定時清潔表面灰塵。

*文物提報類別 （參考文資法第 3 條及施行細則第 7 條，單選）	**■藝術作品** （應用各類媒材技法創作具賞析價值之作品）	□書法、碑帖　□繪畫　□織繡　□影像創作 □雕塑　　■工藝美術　　□複合媒材創作 □其他＿＿＿＿＿＿＿	
	□生活及儀禮器物 （各類材質製作能反映生活方式、宗教信仰、政經、社會或科學之器物）	□信仰及儀禮器物	如造像、供器、法器、祭器、儀仗、禮器及各類民俗、信仰、節慶之相關儀禮用器等
		□生活器物	如飲食器皿、烹飪器具、酒器、茶具、梳妝及盥洗用具、服飾、家具、貨幣、文具、樂器、棋具、體育用品、通訊器材、醫療器具等
		□產業機具	農/林/漁/牧/礦業及商業、傳統製造業、工業之工具與機器，如農具、碾米機、漁獵用具、墨斗、魯班尺、度量衡器、織機、鉛字版印刷機等
		□交通工具	如人力車、車輛、船舶、航空器等交通工具及相關器具與設備
		□軍事設備	如兵器、火砲、防護器材、戰車、軍艦及軍用運輸、通訊、觀測裝備、軍事用品等
		□公務器具	如司法、獄政、衛生、公安、消防、公眾服務等之器具及設備
		□教育、科研用具	教育、調查、觀測、科學研究之用具或儀器設施
		□其他	
	□圖書文獻及影音資料 （以各類媒材記錄或傳播訊息、事件、知識或思想等之載體）	□圖書、報刊	如善本古籍、活字本、稿本、寫本、抄本及刻版等，具有意義或稀有之書籍、報刊、海報、傳單等印刷品等。
		□公文書	公事申請、登記、告示、證照等文件與官方調查報告，如國書、法典、宮中檔、軍機檔、墾照、地方志、寺廟台帳、駐守日誌、訴訟書狀、外交、軍事、內政治理之公文檔案及記錄文書。
		□圖繪	如地圖、海圖、航圖、圖譜、風俗圖、設計圖、工程圖、營建圖、拓片圖、測繪圖等
		□宗教經典	如佛經、道藏、聖經、塔納赫、古蘭經、吠陀等，寫本、稀有版本或刻版
		□傳統知識、技藝、藝能、儀軌之傳本	如藥方、寸白簿、匠師圖稿、口訣、劇本、曲簿、科儀本、咒簿等
		□影音資料	如照片、底片、膠捲、磁帶、唱片或其他媒材之影音資料

	□契約、（家）族譜、票證	人事、商事、財產、房地、水利等借貸、買賣合約及記錄，如帳冊、貨單、宗譜、族譜、家譜、番字契、水租契、招婚契等		
	□古代文字、各族群語言紀錄	如甲骨文、新港文書等		
	□名人或名家手稿、手迹、信函、日誌等			
	□碑碣、匾額、楹聯、旗幟、印信等具史料價值之文物			
	□其他			
□其他	說明：			
其他法定身分	檔案法：□永久保存檔案 　　　　□定期保存檔案 保存年限＿＿＿＿＿＿ 國產法：□公用財產 　　　　□非公用財產 登記時間：＿＿＿＿＿＿ 審計法：□珍貴動產 登記時間：＿＿＿＿＿＿			
*文化資產保存法	□國寶 公告時間：＿＿＿＿＿＿ □重要古物 公告時間：＿＿＿＿＿＿ □一般古物 公告時間：＿＿＿＿＿＿ □列冊追蹤　　時間：＿＿＿＿＿＿ ■尚未具文資身份			
*建議級別	□國寶	□重要古物	■一般古物	□列冊追蹤
*建議分級基準（可複選）	□能表現傳統、族群或地方之風俗、記憶及傳說、信仰、技藝或生活文化特色之典型。 □歷代著名人物、國家重大事件之代表性。 □能反映政治、經濟、社會、人文、藝術、科學等歷史變遷或時代特色之代表性。 □具有獨特藝術造詣或科學成就。 □獨一無二或不可替代性。 □對知識、技術或流派發展具特殊影響或意義。	□能表現傳統、族群或地方之風俗、記憶及傳說、信仰、技藝或生活文化之重要特色。 □重要人物或重大歷史事件。 □能反映政治、經濟、社會、人文、藝術、科學等歷史變遷或時代之重要特色。 □具有重要藝術造詣或科學成就。 □數量特別稀少或具完整性保存意義者。 □對知識、技術或流派發展具重要影響或意義。	□具有地方或族群之風俗、記憶及傳說、信仰、傳統技術、藝能或生活文化特色。 ■具有地方重要人物或歷史事件之深厚淵源。 ■能反映政治、經濟、社會、人文、藝術、科學等歷史變遷或時代特色。 □具有藝術造詣或科學成就。 □數量稀少者。 ■對地方或族群知識、技術或流派發展具影響或意義。	理由：

*文化資產價值論述 （請依上列勾選之分級基準分項描述）	1. 時代價值：「蓬萊漆器」為二十世紀前半富有殖民色彩的商品。 2. 品質：「蓬萊漆器」數量不少但多品質粗劣，此文物無論在製作工藝及題材細緻程度，在「蓬萊漆器」中均屬於較高品質的作品。 3. 製作者：山中公為「蓬萊漆器」創始人。 由以上幾項特點，建議列為一般古物。		
	研究人員：吳巧文		
研究參考文獻	吳巧文，《日治時期臺灣「蓬萊漆器」中原住民題材作品研究》，（國立臺南藝術大學：藝術史評與古物研究所碩士論文，2018 年），頁 49～51。 施國隆等編輯，《世紀蓬萊塗：臺灣百年漆藝之美：山中公・陳火慶・賴高山・王清霜漆藝聯展》，（臺中：文化資產局，2013 年），頁 35。		
*填表人員	吳巧文	填表日期	2017/09/05
填表單位	國立臺南藝術大學藝術史評與古物研究所碩士班	＊連絡方式	
備註			

相關照片

文物其他角度及相關照片	
香蕉葉雕刻處點狀痕	雕刻處點狀痕
香蕉處飾金粉	三角幾何紋邊飾處飾金粉

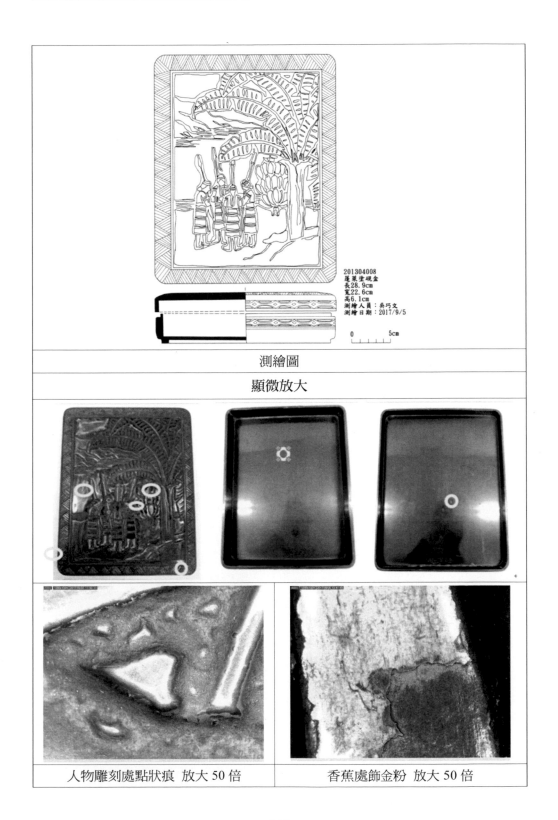

201304008
蓬萊塗硯盒
長28.9cm
寬22.6cm
高6.1cm
測繪人員：吳巧文
測繪日期：2017/9/5

0   5cm

測繪圖

顯微放大

人物雕刻處點狀痕　放大50倍　　　　香蕉處飾金粉　放大50倍

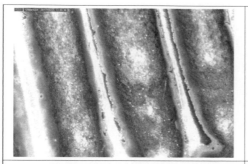	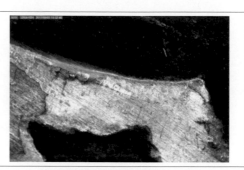
三角幾何紋邊飾處金粉 放大 50 倍	菱形邊飾處金粉 放大 50 倍

畫面留白處漆層 放大 50 倍	盒內部漆層 放大 50 倍

蓋內部露胎處 放大 50 倍	
文物保存現況說明照片	
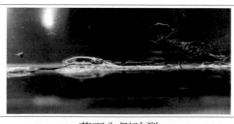	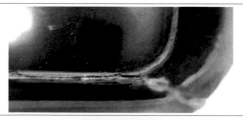
蓋面內側破裂	蓋面內側破裂
照片 資訊	攝影時間：2016/9/5 攝影者：吳巧文 授權說明：照片版權屬國立臺灣工藝研究發展中心所有

註：本頁欄位可自行增減。

附件 1

一案多件或附屬文物清單（共 3 件）

專案名稱	《日治時期臺灣「蓬萊漆器」中原住民題材作品研究》				
*本案文物名稱	雕木彩漆杵歌紋方盒		*文物普查編號	0492334141-C-106-0001	

*序號	*文物名稱	尺寸（cm）	材　質	圖　片	備註或其他基本資訊
01	雕木彩漆杵歌紋方盒——盒	長 28.9/寬 22.6/高 3.8	木胎漆器		
02	雕木彩漆杵歌紋方盒——蓋	長 28.9/寬 22.4/高 2.3	木胎漆器		
03	雕木彩漆杵歌紋方盒——隔板	長 26.6/寬 20.4/厚 0.5	木胎漆器		
照片資訊	攝影時間：2016/9/5　　　　　　攝影者：吳巧文				
	授權說明：照片版權屬國立臺灣工藝研究發展中心所有				

註 1：一案多件文物者（2 件以上）或含多件附屬物件，請填附本清單。亦可檢附保
　　　管單位現有之文物清單。
註 2：本頁欄位可自行增減。

附件三：賴高山藝術記念館漆器文物普查調查研究表

根據《文物普查列冊追蹤作業應注意事項》第五條第二項「文物調查研究」：

> 以文物之文化資產價值研究為目的，針對普查建檔文物中具一般古
> 物以上價值者，進行歷史、藝術與科學等價值之調查研究，提供保
> 存維護建議，並對文物作是否指定之建議，研擬建議指定理由及依
> 據基準等。

本研究所使用的樣本中，賴高山藝術紀念館所藏的「黑漆彩繪原住民泛
舟紋倭角方盤」，經本文對於「蓬萊漆器」的歷史、藝術等價值研究後，認為
此文物具有文化資產「一般古物」的價值，因此填寫第二階段的「文物普查
調查研究表」，為其價值、保存維護等提出建議。

文物普查調查研究表（第二階段）

*專案名稱	《日治時期臺灣「蓬萊漆器」中原住民題材作品研究》		
專案年度計畫編號	□□□□□□□□□□		
*保管單位資訊	*保管單位名稱	賴高山藝術紀念館	單位代號	**系統產生**
	*保管單位屬性	□G 公有　□ P 私有　■　C 自然人（個人）		
	*所有人或管理人之姓名	賴作明	*主管機關	臺中市政府
	所有人或管理人連絡訊息	電話：（04）2281-3106 Email：lacquer.tw@gmail.com		
	*保管單位地址	臺中市東區建智街 12 號		
	*文物保存所在地	臺中市東區建智街 12 號		

	■願意公開文物所在詳細地址　□不公開　　縣（市）　　鄉鎮市區	
	文物地址	■文物地址同保管單位
		縣（市）　鄉鎮市區　村里　鄰　路（街）　段　巷　號　樓
	*保存空間屬性	□寺廟　□教堂　□祠堂　■宅第　□民俗團體 □部落　□學校　□博物館、圖書館　□金融設施 □醫療衛生設施　□研究設施　□產業設施 □公務設施　□國防設施　□遺址　□其他_____
	*保存空間文資身分	□古蹟　□歷史建築　□紀念建築　□聚落建築群 □考古遺址　□史蹟　□文化景觀　■無文資身份
*文物名稱	八雲塗漆盤	
*研究建議名稱	黑漆彩繪原住民泛舟紋倭角方盤	
*文物普查編號	0001	
典藏或財產編號		
*數量	_____1_____件 □一案多件或附屬文物清單	
重要附屬物	無	
*尺寸（cm）	長 39.5/寬 28/高 3	*照片資訊
傳統尺寸或 原尺寸紀錄	無	攝影時間：2016/10/15 攝影者：吳巧文 授權說明：執行單位授權公開傳輸之圖片
重量	398g	
*主要材質	木胎漆器	
*年代	日治時期（1895 年~1945 年）	文物紀年（西元）　1939（昭和十四年）
紀年銘文或 題款、版本	「高山作」、「14.12.23.土」、「日月潭風光」	
作者	賴高山	作者生卒年　1924～003
產地	臺中	製作技法　磨顯填漆、雕木彩漆
*出處或來源	□受贈　時間：　　　　捐贈者： □購藏（徵集）　時間：　　　購藏（徵集）對象： □移撥　時間：　　　移交單位： □發掘　時間：　　　遺址名稱/地點/GPS：	

	□採集 時間： 地點（部落）：
	■既存（繼承）已知最早既存時間：1939　　　地點：賴高山藝術紀念館
	□其它（不詳）：
	來源其他紀錄：
*文物綜合描述 （形制、紋飾、技法或文獻內容重點、落款、印章、版本等或科學檢測）	外方內橢圓盤，以整塊方形木材雕刻而成，盤心處下挖平底橢圓形承盤，周圍以直條紋雕刻為飾，盤心以色漆罩明的「八雲塗」技法繪原住民泛舟紋，四角盤沿以「假雕漆」技法雕刻鳳梨，背面為平底，四邊微傾，塗以黑漆。 盤心泛舟紋前景為陸地，並以香蕉樹垂直貫穿畫面左半部，後景為由右上向左下傾斜的河流，上有於獨木舟泛舟的兩位原住民人物正向左方滑去。畫面上方、右側、左下方留白處，分別以紅漆落「日月潭風光」、「高山作」、及「14.12.23.土」等銘文。
重要事件影響描述（史事文物必填）	
名家（人）重要事蹟及影響描述（藝術文物必填）	漆藝家賴高山先生（1924-2003），於1937年考入私立臺中工藝傳習所，1941年至東京美術學校漆工科學習，光復後1947年開設「山光漆器廠」，1997年開始致力於漆藝傳承計畫，其與王清霜、陳火慶等人擁有相同的專業養成，且持續創作，可說是見證了臺灣漆藝發展的重要人物。
口訪紀錄（重要訪談資訊）	無 □口述史料記錄表＿＿＿＿份（每位訪談對象各別填表或另附檔案）

*保存環境	■庫房或展覽空間	管理維護	□溫度控制　□濕度控制　□防震措施
	□半開放空間（如廟宇或公共建築等）		□消防措施　□保全　■展示櫃（架）
			□特設防護：＿＿＿＿＿＿＿＿＿＿＿
	□戶外空間		□其他：＿＿＿＿＿＿＿＿
	□其他：＿＿＿＿＿＿		□無（複選）

*保存現況檢視	*目前現況　■狀況穩定　□狀況不良，需維護　□傷損嚴重，急需修護 說明：盤緣有部分破損，背部些微漆面剝落及髒汙，表面刮痕，整體狀況穩定。
環境改善建議	置於通風、濕度穩定、陽光無法直射處，定時清潔表面灰塵。

*文物提報類別 （參考文資法第3條及施行細則第7條，單選）	■藝術作品 （應用各類媒材技法創作具賞析價值之作品）	□書法、碑帖　□繪畫　□織繡　□影像創作 □雕塑　■工藝美術　□複合媒材創作 □其他＿＿＿＿＿＿	
	□生活及儀禮器物 （各類材質製作能反映生活方式、宗教信仰、政經、社會或科學之器物）	□信仰及儀禮器物	如造像、供器、法器、祭器、儀仗、禮器及各類民俗、信仰、節慶之相關儀禮用器等
		□生活器物	如飲食器皿、烹飪器具、酒器、茶具、梳妝盥洗用具、服飾、家具、貨幣、文具、樂器、棋具、體育用具、通訊器材、醫療器具等

		□產業機具	農/林/漁/牧/礦業及商業、傳統製造業、工業之工具與機器,如農具、碾米機、漁獵用具、墨斗、魯班尺、度量衡器、織機、鉛字版印刷機等
		□交通工具	如人力車、車輛、船舶、航空器等交通工具及相關器具與設備
		□軍事設備	如兵器、火砲、防護器材、戰車、軍艦及軍用運輸、通訊、觀測裝備、軍事用品等
		□公務器具	如司法、獄政、衛生、公安、消防、公眾服務等之器具及設備
		□教育、科研用具	教育、調查、觀測、科學研究之用具或儀器設施
		□其他_____	
	□圖書文獻及影音資料 (以各類媒材記錄或傳播訊息、事件、知識或思想等之載體)	□圖書、報刊	如善本古籍、活字本、稿本、寫本、抄本及刻版等,具有意義或稀有之書籍、報刊、海報、傳單等印刷品等。
		□公文書	公事申請、登記、告示、證照等文件與官方調查報告,如國書、法典、宮中檔、軍機檔、墾照、地方志、寺廟台帳、駐守日誌、訴訟書狀、外交、軍事、內政治理之公文檔案及記錄文書。
		□圖繪	如地圖、海圖、航圖、圖譜、風俗圖、設計圖、工程圖、營建圖、拓片圖、測繪圖等
		□宗教經典	如佛經、道藏、聖經、塔納赫、古蘭經、吠陀等,寫本、稀有版本或刻版
		□傳統知識、技藝、藝能、儀軌之傳本	如藥方、寸白簿、匠師圖稿、口訣、劇本、曲簿、科儀本、咒簿等
		□影音資料	如照片、底片、膠捲、磁帶、唱片或其他媒材之影音資料
		□契約、(家)族譜、票證	人事、商事、財產、房地、水利等借貸、買賣合約及記錄,如帳冊、貨單、宗譜、族譜、家譜、番字契、水租契、招婚契等
		□古代文字、各族群語言紀錄	如甲骨文、新港文書等
		□名人或名家手稿、手迹、信函、日誌等	
		□碑碣、匾額、楹聯、旗幟、印信等具史料價值之文物	
		□其他_____	
	□其他	說明:	

其他法定身分	檔案法：□永久保存檔案 　　　　□定期保存檔案　保存年限＿＿＿＿＿ 國產法：□公用財產 　　　　□非公用財產　登記時間： 審計法：□珍貴動產　登記時間：			
*文化資產保存法	□國寶　公告時間 □重要古物　公告時間： □一般古物　公告時間： □列冊追蹤　　時間： ■尚未具文資身份			
*建議級別	□國寶	□重要古物	■一般古物	□列冊追蹤
*建議分級基準 （可複選）	□能表現傳統、族群或地方之風俗、記憶及傳說、信仰、技藝或生活文化特色之典型。 □歷代著名人物、國家重大事件之代表性。 □能反映政治、經濟、社會、人文、藝術、科學等歷史變遷或時代特色之代表性。 □具有獨特藝術造詣或科學成就。 □獨一無二或不可替代性。 □對知識、技術或流派發展具特殊影響或意義。	□能表現傳統、族群或地方之風俗、記憶及傳說、信仰、技藝或生活文化之重要特色。 □重要人物或重大歷史事件。 □能反映政治、經濟、社會、人文、藝術、科學等歷史變遷或時代之重要特色。 □具有重要藝術造詣或科學成就。 □數量特別稀少或具完整性保存意義者。 □對知識、技術或流派發展具重要影響或意義。	□具有地方或族群之風俗、記憶及傳說、信仰、傳統技術、藝能或生活文化特色。 □具有地方重要人物或歷史事件之深厚淵源。 ■能反映政治、經濟、社會、人文、藝術、科學等歷史變遷或時代特色。 □具有藝術造詣或科學成就。 □數量稀少者。 □對地方或族群知識、技術或流派發展具影響或意義。	理由：
*文化資產價值論述 （請依上列勾選之分級基準分項描述）	時代價值：蓬萊漆器為二十世紀前半富有殖民色彩的商品 。 品質：蓬萊漆器數量不少但多品質粗劣，此文物無論在製作工藝及題材細緻程度，在蓬萊漆器中均屬於較高品質的作品。 款文：蓬萊漆器商品性質濃厚，因此少有落製作時間及作者款的案例。 題材：蓬萊漆器常見的題材有杵歌、織布等，而泛舟題材較為少見。 由以上幾項特點，建議列為一般古物。			
	研究人員：吳巧文			
研究參考文獻	吳巧文，《日治時期臺灣「蓬萊漆器」中原住民題材作品研究》，（國立臺南藝術大學：藝術史評與古物研究所碩士論文，2018 年），頁 62～64。			
*填表人員	吳巧文	填表日期	2017/6/14	
填表單位	國立臺南藝術大學	＊連絡方式		
備註				

註1：「*」表示此為必填欄位。

註2：表件問題，請聯繫文化部文資局古物科，04-22295848#133。

相關照片

文物其他角度及相關照片	
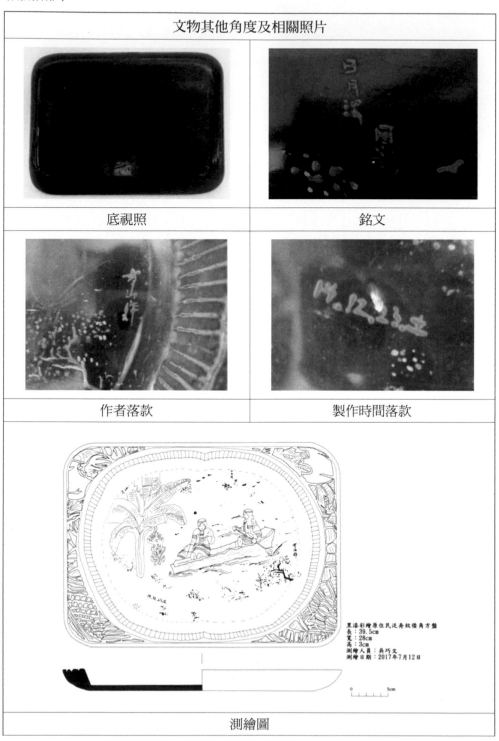	
底視照	銘文
作者落款	製作時間落款
測繪圖	

文物保存現況說明照片	
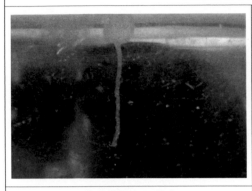	
背面髒污及刮痕	破損細節
照片資訊	攝影時間：2016/10/15 攝影者：吳巧文 授權說明：執行單位授權公開傳輸之圖片

註：本頁欄位可自行增減。